本学术专著系教育部人文社会科学研究青年基金项目
"数字'社交+'背景下网红广告对儿童消费者影响的实证研究"
（项目编号：20YJC860012）的阶段性研究成果

ADVERTISING
AND CHILDREN'S CONSUMER
SOCIALIZATION

# 广告与
# 儿童消费者社会化

黄桑若◎著

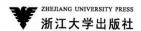
ZHEJIANG UNIVERSITY PRESS
浙江大学出版社

# 目　录

# 绪　　论

　　一名儿童从出生到青少年时期将在认知功能和社会成熟度方面发生重大的发展和变化。儿童的认知发展将会超越单纯的感知表面或外观而发展成为能够更加抽象地思考他们周身的环境。儿童发展出获取信息处理的技能，以便能更及时地组织和使用他们从环境中习得的知识；同时，他们对人际情境关系也逐渐发展出更深刻的理解。这些能力的发展使得儿童能够以更多的视角来看待他们的世界。社会化理论关注作为社会成员的个体如何通过与社会环境中的各个事物进行互动而逐渐社会化（Hastings，Utendale，& Sullivan，2007）。社会化（socialization）这一概念被定义为一系列的过程，在这个过程中，缺乏经验的个体会习得相应的社会技能、行为规范、价值观和社会动机，这些所学所得使得这些个体能够胜任其所成长的文化环境中所需要执行的功能（Maccoby，2007）。消费者社会化（consumer socialization）则指的是个体如何通过这一系列多重复杂的社会化进程，学会并培养出广泛的与消费者相关的知识、技能及态度（John，1999）。虽然社会化这一过程贯穿一个人终身，但是社会化的研究很大一部分探讨的是儿童，因为深刻而持久的社会化过程更多地发生在一个人的童年时期（Maccoby，2007）。社会化是一个持续的社会互动过程，通过社会化儿童成为一个特定社会的有机体。至于会成为一个

1

什么样的有机体，这取决于该社会更广泛的社会文化背景（Raj &
Raval，2013）。

　　广告作为与消费息息相关的活动，儿童所逐渐形成的广告说服知
识、广告态度和广告参与是儿童消费者社会化进程中的必然产物，这
也是本书所要探讨的主要对象。对于广告主、政府相关部门以及其他
儿童相关利益团体来说，理解儿童所具备的广告知识和广告参与非常
重要，因为其不仅有助于开展针对儿童的营销活动，也能提供平衡商
业利益、儿童福利和有关儿童发展的法律法规的指导意见。然而，学
术界目前对儿童广告知识和广告参与的研究，尤其在新媒体特别是社
交媒体广告方面的研究相当有限（De Jans，van de Sompel，Hudders，
& Cauberghe，2019；Hudders，De Pauw，Cauberghe，Panic，
Zarouali，& Rozendaal，2017）。全球儿童的互联网使用已相当普及，
互联网对于低龄群体的渗透能力持续增强（Meeker，2019）。根据中
国互联网络信息中心发布的《2019 年全国未成年人互联网使用情况
研究报告》，2019 年我国未成年人互联网普及率已高达 93.1%，学龄
前儿童触网比例也已达32.9%。因此，我们更需要对儿童在新媒体上
的广告说服知识和广告参与行为有基于实证数据的探索和理解。这
也是本研究的第一个研究目标。

　　为了更深入地理解社会化过程是如何影响儿童广告说服知识和
广告参与的形成，本研究以消费者社会化理论（Ward，1974）作为一个
有效的理论框架和理论视点，在此基础上分析影响儿童广告说服知识
和广告参与行为的社会化因素。消费者社会化理论提供了一个系统
且完善的框架来解释人口因素、社会化中介和社会化过程如何影响个
体的认知、态度和行为。在这个理论中，认知发展模型和社会学习模
型是解释消费者社会化过程的两个主要理论观点。认知发展模型基

于皮亚杰的认知发展理论(cognitive development theory)和信息加工理论(information processing theory),它关注年轻消费者如何随着年龄的增长而逐步改进他们的认知能力(John,1999)。社会学习模型(social learning model)则强调年轻消费者如何通过模仿、强化及社会交往从各种各样的社会化中介习得消费相关的知识、技能及态度(Moore & Moschis,1980;Moschis & Churchill,1978)。

　　在社会化研究中,社会化中介指的是向学习者传递社会规范、知识、态度、技能和行为的个人或组织,他们是消费者社会化研究的重要组成部分;儿童则被看作直接或间接受到社会化中介频繁接触和影响的学习者(Hastings et al.,2007)。对任何消费者来说,媒介、家庭和同伴是最主要的社会化中介。社会学习模型包含了三种社会化机制(socialization mechanism)(Moschis,1978)。第一种是树立典范(modeling),指社会化主体或需要学习者模仿社会化中介的行为,以努力达到与后者接近或相似。树立典范这一机制的理论基础是Bandura 在 1969 年提出的观察学习理论(observational learning theory),即人们仅通过观察他人(例如榜样)的态度、行为及其结果就能习得某些复杂的行为。这里的"他人"指重要的社会化中介。通过与他人进行社会互动,有影响力的社会化中介就能有意识或无意识地通过认知和行为规范对社会化主体进行影响。第二种是强化行为(reinforcement),指由社会化中介制定奖惩机制,社会化主体则通过学习而实现正向强化(奖励)或负向强化(惩罚)的结果。第三种是社交互动(social interaction),指社会化中介和学习者之间的启发式沟通。Moschis(1978)认为,互动机制中涉及的具体学习过程仍不清楚,但这个机制被认为是树立典范、强化和社会规范的结合。这种社会规范在消费者与社会化中介的互动过程中起到强化和塑造与消费相关的行为或方向的作用。例如,如果一个人的同伴群体对广告持负面态度,那么在这种情况下,这个人对广告的态度也可能如此,因为他受到群体互动和群体规范的影响。

这三种社会学习机制相辅相成,并会根据具体语境来决定各自或共同作用的程度。社会化中介通过在这些机制中所扮演的角色,对社会化主体施加作用,进而影响后者的社会化结果。因此,在探讨广告与儿童消费者社会化的关系时,有必要进一步分析影响儿童广告说服知识和广告参与行为的社会化因素,即社会化中介的作用。这是本研究要深入理解的第二个问题。我们将在社交媒体广告范围内探讨以上研究问题。

在本书接下来的两个部分,我们围绕以上两个研究问题,通过三个实证研究来依次展开对问题的探究和解答。第一部分探讨儿童在消费者社会化发展进程中如何形成广告说服知识、如何参与广告。我们以第一个实证研究解释当前中国儿童的社交媒体广告说服知识水平,呈现他们的社交媒体广告参与现状,最后分析说明说服知识和广告参与的关系。第二部分探讨父母和同伴作为最重要的社会化中介,他们对儿童理解广告、参与广告所起的作用。我们以第二个实证研究呈现了当前中国父母在调解孩子与广告关系上的现状,以第三个实证研究解释了父母管教方式和同伴势力如何影响儿童对广告的理解、如何影响儿童的广告参与。

4

# 第一部分

## 儿童的广告说服知识和广告参与

# 一、广告说服知识

    Marian Friestad 和 Peter Wright(1994)早在 20 年前就提出了说服知识模型(The persuasion knowledge model)。这一模型框架意图呈现一个人的说服知识是如何影响他们对所面临的说服企图的回应。通过描述"如何影响"这一过程,说服知识模型能够帮助学者预测消费者对说服的理解是如何影响实际的说服过程(Shoemaker,Tankard,& Lasorsa,2004)。

    说服知识模型从说服双方的观点出发,概念化地描述了说服这一现象以及说服双方是如何互动的(Friestad & Wright,1994)。这里的说服双方主要指的是目标(target),即说服所指向的目标消费者,以及中介(agent),即负责构建说服内容和说服过程的人或机构。Friestad 和 Wright(1994)在其论文中专门提供了一张图表,以描述在一个特别的说服场景中(例如一个"广告"说服场景),目标和中介如何在一起进行一次说服活动。这一图表展示了三种类型的知识(我们将在下一节阐述这些知识)如何帮助说服双方形成对说服场景的回应。这里的回应,对说服中介来说是说服企图,对说服目标来说则是对说服企图的应对行为。因此,这一模型是由许多不同的概念构成的。提出说服知识模型的学者期望这一模型能在各种各样的说服场景里有着广泛的应用。

　　具体展开来说,说服知识模型从最初开始就关注于三种类型的知识结构是如何经由互动,进而形成和决定说服企图的影响。这三种知识结构分别是主题知识、说服知识及中介或目标知识。主题知识即对信息主题的看法,主题可能是关于一个产品、服务、社会事业,亦或是选举中的候选人。中介知识即对中介特征、竞争力和目标的看法,中介可能是一支广告,亦或是一名销售人员。从根本上来说,说服知识使得中介或说服对象能够识别、分析、解释、评价和记忆说服企图,并选择和执行其所认为有效且适当的应对策略。对于说服对象来说,说服知识的提高意味着其会忽视或反驳其所认为误导或欺骗的主张,以尽可能应对当前的说服事件。对于中介来说,说服知识的增长则意味着其将选择和使用与说服对象最相关或最可能的说服方式。此外,这三种知识结构中的每一种结构也包含了其他需要考虑的内容,包括(1)对诸如回忆、喜欢等心理中介的看法;(2)对营销手段的看法;(3)对自身的应对策略(例如忽视对方的说服理由、贬损该理由或支持该理由)的看法;(4)对营销手段有效性和适当性的看法;以及(5)对营销方的说服目标和对自己的应对目标的看法。值得注意的是,这些目标所反映的不只是一味地对说服企图的抵制,而更多的是有关于自我控制和自身所具备的能力。

　　Ham、Nelson 和 Das(2015)回顾了过去十年中广告学及相关领域的权威学术期刊中已使用说服知识模型的研究,并考察了其所使用的方法和测量。研究显示,学者们从说服对象的视角出发,使用了多种测量方法来评估特定背景下的说服知识。然而,并不是所有方法是根据标准的量表研制过程编制的。同时,由于说服知识构成的复杂性,不同情境下的测量手段和测量方法并不一定适用于其他情境。为了使研究发现得以在不同研究间比较,标准化说服知识的测量方法以及为新的说服情境、说服对象编制具备可靠、可信（即信度和效度兼具）的测量方法和量表成为这一议题下需要解决的问题。广告是最重要的说服场景，儿童则是极为重要且最容易受到说服影响的说服对象。因此，理解儿童广告说服知识的形成和发展、探索和编制与儿童身心发展规律相适应的说服知识量表，是学者长期关注、研究并实践的对象。

# 二、儿童消费者社会化和广告说服知识的发展

## （一）儿童的消费者社会化发展过程

由于认知发展和社会经验的局限,儿童在说服知识程度这一方面的确代表了一个独特的说服对象群体。John(1999)在对过去 25 年儿童消费者社会化议题的文献回顾里,根据年龄划分了儿童作为消费者在社会化发展过程中所经历的三个阶段。以下我们就 John(1999)的研究展开论述。

第一是感知阶段(perceptual stage),介于 3 岁和 7 岁之间。该阶段儿童的总体表现特征为他们容易被市场中易于观察和易于接近的感知性信息和特征所吸引。相对应的,儿童的消费者知识通常基于对事物单一维度或单一特征的观察,并会以他们自己所观察到的具体的细节描述出来,因此,他们的消费者知识呈现出感知上的特色和区别。这些儿童熟悉市场中诸如品牌、商场等概念,但他们对这些概念仅有肤浅的理解。鉴于在信息编码和信息组织方面的局限性,这个年龄阶段的儿童无法将个体目标和经验整合到具备多维度、多视角和多重偶然性的更广泛的知识结构中去。以上这些特征也体现在该阶段儿童的消费者决策技能和影响策略上。用一句话来概括,他们的技能和策略就是简单、方便和以自我为中心。比如,儿童会基于非常有限的信

息(例如"商品尺寸"这一单一却非常显著的特征)来做选择。同时,由于自适性有限,当这些儿童渴望某一商品时,他们只能从自己的立场和观点而不是从他人的角度出发,来调整对他人的影响策略或与他人进行谈判。虽然他们知道父母或朋友有其他的看法,但他们无法同时思考自己的观点和别人的观点。

第二是分析阶段(analytical stage),介于 7 岁和 11 岁之间。由于在认知和社会方面发生的巨大变化,这一阶段包含了儿童在消费者知识和技能方面最重要的几个发展。伴随着儿童从单纯的感知思考过渡到更系统的思考,他们的信息处理能力也急速提升,因此形成了对市场更加成熟的理解、对广告和品牌等概念更加复杂的知识以及超越自身感受和动机的新视角。他们可以从功能或基本组成要素等方面来思考诸如品牌或价格的概念,可以从不只一个维度或特征来分析和区分产品和品牌,以及从个体经验来推出一般结论。同时,这些儿童能够在更抽象的层次进行推理,并逐渐形成一个包含有抽象概念等信息的知识结构。这些概念可以是广告主的动机,也可以是某种可能的关系,比如甜味是糖果吸引人的原因却不是汤汁的(John 1999)。相应地,在消费决策技能和策略上,该阶段的儿童在物品选择上表现得更深思熟虑,并能够从物品身上不只一个显著的特征来考虑问题。他们在决策方式上也更灵活、自适性更强、反应更快。当他们尝试去影响他人或为自己渴望的物品进行谈判时,他们能够从父母或朋友的角度出发来调整自己的策略。

第三是反思阶段(reflective stage),介于 11 岁和 16 岁之间,此时儿童的认知和社会化发展能力得到了更多维度的提升。随着儿童对复杂信息处理能力和社会技能的提升,他们对诸如品牌和价格等市场概念的认知变得更加细微和复杂。更明显的是,他们在向青少年过渡的过程中变得更加关注于消费市场中的社会意义和现实基础。也因此，他们的思考和推理越来越呈现出某种程度的反思性。与此同时，由于提高了对他人观点和立场的意识，以及塑造自身身份和遵循群体期望的需要，该阶段的儿童将更多的目光投向于自己作为一名消费者的社会属性，投向如何做选择，投向品牌消费。他们也更能够根据实际情况和当下的具体任务来进行灵活的消费决策。同样，这一阶段的儿童会采用更具社会意识的策略来影响父母和朋友，摒弃简单直接的手段。

John(1999)所提出的儿童消费者在社会化发展过程中所经历的三个阶段，为后来的学者在儿童广告说服知识发展方面的研究提供了一个基于年龄的较为方便的研究框架。该研究框架指出，在不同的社会化发展阶段，儿童作为消费者，其所思、所想、所知及表达自己的方式都会有重要的变化。这些阶段可由具体的年龄范围所区分，而儿童的社会化发展程度主要与年龄相关变化。因此，年龄可以作为儿童社会化发展的解释性依据，并应用于与之相关的研究中。儿童的广告说服知识是儿童社会化发展的重要组成部分，并受到广大学者的关注，以往的文献通常将年龄作为儿童广告说服知识发展变化的解释性变量，尤其是将John(1999)的年龄阶段划分作为理论基准。本书在之后的实证研究中，也将以此年龄阶段划分作为儿童广告说服知识发展历程的主要参考。

接下来，我们将简要阐述儿童广告说服知识的概念化定义及其理论发展进程，解释该概念在当前的操作化定义及其测量。

## (二)儿童广告说服知识理论形成和发展的三个阶段

一般情况下，我们会假设儿童对市场和广告的理解将随年龄逐渐增长,并最终达到成人对市场和广告的理解水平。因此,成人的广告说服知识水平通常会作为衡量儿童所具备的广告知识水平的基准。也因此,学者们在研究儿童广告说服知识时,其逻辑起点通常为,对于成人的广告说服知识所包含的内容及其结构,儿童是否能充分理解。通过对比儿童与成人所能达到的广告说服知识和技能的水平,学者们就能够较有意义地掌握儿童的知识水平和技能程度,这样的比较结果也能为相关政策的制定和教育项目的开发提供有力的证据支持。

纵观儿童广告说服知识理论的形成和发展,本研究认为大致可以分为三个阶段。第一个阶段起于 20 世纪 70 年代到 80 年代,是儿童广告说服知识概念化形成的雏形阶段,此时已有学者提出以成人的广告说服知识为标准来评估儿童在这方面的知识能力。第二个阶段起自 20 世纪 80 年末期、跨 90 年代到 21 世纪初。该阶段的主要贡献是提出儿童已具备哪些广告说服知识,儿童在应对说服企图时能否向内检索、能否有效运用广告说服知识,提升这两项能力在本质上是有区别的。这一时期提出的说服知识模型也进一步完善了广告说服知识的内涵和外延。21 世纪初至今是第三个阶段。该阶段在第二阶段所提出的理论解释和实践发现上,(1)整合新理论进一步阐释了具备广告说服知识和运用广告说服知识是儿童所具备的两种不同的能力;(2)丰富了儿童广告说服知识的维度,提出概念性广告说服知识和态度性广告知识,明晰两种广告说服知识的区别以及两者对儿童应对说服企图的影响;(3)除电视媒体外,学者更加关注儿童对非传统广告和新媒体广告的广告说服知识的掌握和运用。

## 1. 理论雏形阶段

如前所述,对儿童广告说服知识的研究最早可以追溯到 20 世纪 70 年代,Robertson 和 Rossiter(1974)分析了儿童在观看电视节目时

需要理解节目中的广告有某种特殊的传播意图,并提出一个与之相对
应的广告说服知识的模型。这一模型识别了五种能够帮助儿童在当
前情境下辨识电视广告意图的能力。这些能力包括(1)辨识电视广告
是区别于常规电视节目的独立信息;(2)识别赞助商作为广告信息的
来源;(3)领会广告信息是有目标受众的;(4)理解电视广告中的产品、
任务和情境展示是有符号表征意义的;以及(5)明白电视广告中展示
的产品和个人亲身体验的产品是有具体区别的。Robertson 和
Rossiter(1974)指出随着这些能力的增长,儿童将领会广告具有和电
视节目不同的其他意图或说服意图。同时他们也指出,儿童关于这些
能力的获得是渐进式的,而不是离散的或者说在某一个年龄点突然获
得的。他们假设儿童将逐渐(1)辨析清楚广告和电视节目的区别;(2)
经历从对信息外在来源的无知,到对信息来源有某种疑惑性的认识,
再到能够清晰明确地识别来源并理解赞助这一概念;(3)经历从以自
我为中心的观点(即所有广告主要或仅仅是针对我的),到具备一个普
通受众的概念,再到意识到可能存在一个并不包括自己在内的特定的
受众群体;(4)经历从对符号表征毫无头绪,到大致能识别影像和现实
的区别(但仍旧无法清楚表达用来展示产品的表征工具是什么),再到
知道多数电视广告会使用具体的表征工具(例如产品展示通常会布置
得很理想化,广告人物的感情通常都比较戏剧化);以及(5)获得对产
品失望的个人体验,并因此对广告信息的真实性和有效性具备了更现
实的认知。Robertson 和 Rossiter 认为,这些能力的获得虽然是渐进
并独立展开的,它们终将综合在一起并对儿童对广告的认知、理解以
及广告对其的作用产生实质性的影响。同一时期,Ward、Wackman
和 Wartella(1977)补充认为,儿童广告说服知识还应包括一个经济学
意义上的组成部分,即儿童是否知道广告主想要售卖产品以此获取经

济利润。他们认为关于市场制度和市场交易的经济常识是儿童作为消费者在整个社会化过程中的一部分。然而，至于经济学方面的知识是否应该成为儿童广告说服知识的组成部分，至今仍有争议。虽然经济学方面的知识被认为是成人广告说服知识的重要组成部分，不管这种广告是传统的电视媒体广告，还是诸如赞助广告在内的非传统广告，它是否构成儿童广告说服知识的测量内容也许要依儿童的特定年龄而定。某些年龄段的儿童对一些概念毫无头绪或者无法用言语清晰表达，因此测量这些概念在理论上和在实践上可能毫无意义可言，或者存在数据有效性的问题。Ham、Nelson 和 Das(2015)也指出，由于不同年龄段的儿童具备不同程度的广告素养和认知能力，研究者需要根据情况改变测量的内容和测量的方式。

20 世纪 80 年代的学者 Roberts(1983)首次提出，先前有关儿童广告说服知识的研究没有清楚区分儿童可感知的有关广告主的销售意图(selling intention)和说服意图(persuasive intention)。有关这两类意图的区别我们将在后文阐述。Roberts 主张，儿童对说服意图的理解是最关键的技能。他提出一个对说服意图具备成熟理解的模型，其包含与理解说服意图相关的五个方面：(1)信源有其他的观点，包括来自信息接收者的兴趣；(2)信源企图说服他人；(3)所有的说服信息存在偏见；(4)比起主要意图为信息、教育和娱乐的信息，(偏见的)说服信息需要不同的诠释策略；(5)对广告信息的成熟加工必需包含能将基于经验的技能应用在执行合适的诠释策略上。不过，他也提到了他的模型的局限性，就是该模型只是提供了一个成人理解广告说服知识的理想化的可能性模型，即便很多成人从未证实过他们具备这样的理解力。这确实是一个经常被忽视的事实(Kunkel & Roberts, 1991)。Roberts 观察到，尽管比较儿童和成人对同一广告或同一说服企图的理解看起来非常重要,20 世纪 80 年代中期却没有出现与之相关的研究。直到 90 年代,Boush、Friestad 和 Rose(1994)第一次通过横断面比较儿童和成人,深度探索了儿童对广告主目标和广告手段的潜在认知,并通过 9 个多月的追踪研究了个别中学儿童在这期间广告知识的纵向变化。他们识别出八种儿童和成人相信广告主可能企图通过广告起到的作用(例如,吸引注意力、了解产品、喜欢广告、更喜欢产品、记住广告、相信广告所说),八种受众认为广告主用以生成这些心理影响的广告策略(例如,展示一位受欢迎的电视或电影明星,使用幽默,展示和你类似的人,同另一产品做比较),并询问受众广告主企图通过以上提到的每一种策略达到何种具体的心理效果。通过比较,Boush 等学者就可以考察儿童是否以及何时发展出越来越接近成人的、能够理解广告策略如何引发广告心理效果的心智。但事实上,直到目前为止,比较儿童和成人广告说服知识的研究仍非常有限。

同一时期的 Blosser 和 Roberts(1985)补充到,在成人沟通关系的一系列理论中,识别信息意图被认为是一项基本技能。因此,儿童需要能够精确判断传播者的意图,因为正是不同类别的意图使得电视或其他媒体出现各种类型的信息。遗憾的是,他们发现先前的学者缺乏对"意图"的研究。Blosser 和 Roberts(1985)概念化定义了这些意图,它们是:(1)告知,即让受众知道某产品或告诉受众关于某产品的信息,其包含说明性和客观性;(2)教导,即引导受众去了解某事某物、给受众展示如何做某事以及有意以某种方式传递信息,以使得信息能够被理解或有助于被储存和回忆;(3)娱乐,即提供消遣并使受众转移对严肃事件的注意力,其通常包含暂停对臆想信息或非工具信息的不信任或接受该类信息;(4)销售,即通过信息呈现来推销产品,例如广告信息会向受众告知某产品并描述其各种各样的特点,同时避免受众推测其信息有偏见或有操纵的意图；以及(5)说服，即让受众做某事或说服其做某事，其包含强迫和操纵的要素，例如广告信息企图通过带有偏见的方式剥夺受众的自由。两位学者提议，虽然一条信息通常可能会有好几个意图(例如广告可以尝试去告知、教育、娱乐、销售和说服)，但有理由认为不同类型的媒介内容通常可以识别出其中一个最特别最主要的意图，例如新闻是为了告知，电视广告是为了说服，教育节目和公益广告是为了教导。Blosser 和 Roberts(1985)对信源意图识别的提议如今已被研究广告说服知识的学者广泛采纳并应用于广告说服知识的测量中，其中也包括儿童广告说服知识。

以上为儿童广告说服知识理论和研究发展第一阶段中的主要学术贡献。我们看到，学者对儿童广告说服知识理论已提出概念上的建议，但各自的建议比较零散，大都只是探索性地提出说服知识中的某些方面。因此，这一阶段在整体上并未形成清晰详尽且接近于成人广告说服知识水平的模型。此外，这些研究也缺乏对其他同时影响广告效果的心理机制的中介变量的探讨。

## 2. 理论改善阶段

20 世纪 80 年代末期，Brucks、Armstrong 和 Goldberg(1988)首次提出并探讨了有关"运用"知识和"具备"知识是截然不同的这一关键议题。他们研究了当儿童处理一则广告信息时，儿童是否会以及何时会使用他们的广告知识或产品知识。这一研究将有关儿童广告说服知识的探索带上了一个新的台阶，即开始考虑儿童的记忆过程、认知资源和所处理的信息任务，使得对儿童说服知识的研究能够更直接地与成人说服知识研究的模型相匹配。三位学者也比以往的研究更详细地探讨了儿童的认知防御这一心理机制，使其能与成人说服信息处理模型中所研究的内容相匹配。例如，Brucks 等人设想儿童在面对

17

广告时会产生一系列的认知回应,而这些回应在主题上、来源上及评价的正负倾向上变化多样,这些回应也会构成儿童对于广告所提供的论点产生驳斥的想法。此外,这些学者也强调,儿童需要发展在广告信息处理过程中能够从记忆里检索广告知识的能力。如果在广告或环境中存在明确的能够激发儿童在广告信息曝光时或曝光不久之后检索广告知识的线索,这是极具价值的。这一启蒙性的研究将学者对儿童广告说服知识的理解带入更深层次的范畴,对后来包括儿童广告素养(Hudders et al.,2017)在内的研究都产生了较大的影响。

该阶段的另一重要学术贡献是前文所述的说服知识模型的提出。Friestad 和 Wright(1994)在该模型中深入探讨了儿童、青少年和成人逐渐形成不同类型的与说服相关的知识和技能,以有效应对营销者和其他人企图策略性的影响。他们也讨论了说服知识如何从一系列简单的想法发展成一套整合的、复杂的、内化的信念结构。具体来说,从儿童早期到成年早期,一个人会发展日常生活中与两类说服相关任务的知识:有效应对他人的说服企图,以及有效实施自己的说服意图。在这个过程中,儿童的说服知识会从一无所知发展成一个越来越相互关联的、有效的由因果解释构成的信念结构,其包括:(1)广告主可能尝试去影响的各种各样的心理事件,即广告主预期的心理目标;(2)广告主可能尝试去唤起的多种多样的外在行为,即广告主预期的行为目标;(3)广告主可能分别或组合使用广告策略以实现特别的心理效果;(4)儿童能使用应对广告的策略来进行自我管理或控制一个广告对他或她的内心过程和外在行为的影响;以及(5)当儿童处理一条广告信息时,他或她能试着执行一系列说服控制目标(Wright,Friestad,& Boush,2005)。同时,当一名儿童的市场说服知识成熟时,他或她会发展出更深的对说服过程的理解,以及对某些广告策略其相对有效性、适当性或公平性的理解。Wright 等（2005）也指出，儿童应对说服知识的技能的发展强烈依赖于儿童在识别、评价及回应他/她最常观察到的具体的广告策略的过程中获得了多少实际经验。因此，在一个人童年时期最常见的广告策略往往成为这个人在成长后最能应付的策略。

以上这种经验学习的过程将贯穿一个人的终身，所以在某种程度上，广告说服知识和如何使用该知识，都是一种习得的技能。说服知识模型也指出，当儿童应对广告和其他营销方式的经验增长时，其应付说服的行为也将变得越来越自发或无意识，并且能轻松执行。换句话说，儿童的说服知识在各方面都将变得越来越内隐、细化、完整和有效，而儿童也将学会更快且更不费力地做以下的事情：（1）从记忆中获取广告和说服知识；（2）当某一说服企图发生时能识别它；（3）注意到某一广告活动中，其广告暗示了广告主的具体策略和目标的特征；（4）形成并执行他/她自己的信息处理和说服应对策略；以及（5）在记忆中储存关于具体广告所使用的策略的信息，并在之后访问该信息时能协助有效识别相似的策略（Wright et al.，2005）。

鉴于说服知识模型提出三种知识结构，即主题知识、说服知识和中介知识，该模型也指出，除了说服知识外，随着儿童在成长过程中不断遇到新的广告，他们也将同时习得另外两种对于广告信息处理至关重要的知识。然而，这三种知识的发展程度并不均衡，因而对于任何一名儿童来说，当其面对一则广告时，每一种知识的可得性和有用性也不尽相同。儿童会感到其中一种知识会比其他的一种或两种知识更容易获得且更有效，因而强烈依赖于该知识来应对广告说服。随着年龄的增长和相关知识的增加，儿童将更平衡地使用这三种知识来处理和应对广告说服。对于儿童来说，这期间就会周期性地发生一种叫做"意义改变"的事件(Friestad & Wright，1994)，即儿童第一次意识到广告信息的某些方面很可能是一个广告主有意图的说服策略。

然而，儿童广告说服知识发展过程中也存在瓶颈。说服知识模型指出，这一瓶颈在于儿童对潜在的心理状态发展出洞察力的进度。对于广告能够通过各种各样的方式影响一个人内在心理事件，成人通常有丰富的洞见。成人能够洞悉广告会引起因果顺序的心理事件(例如注意力、想象、分类等)，这些心理事件又是如何有效影响说服，以及什么是广告主最难引发的心理效果。但对于儿童，他们起初对这些心理事件只有很少的一些概念，而且他们只能够洞察到最早的几类心理事件，例如注意、喜欢、态度、欲望等(Wright et al.，2005)。

John(1999)的研究则是解释在此发展过程中儿童如何突破瓶颈的很好补充。如前文所述，John提出一个综合性的以年龄划分的阶段性的儿童消费者社会化模型。该模型描述了儿童在说服知识结构和决策制定策略上如何从感知阶段过渡到分析阶段，再进一步过渡到反省阶段。因此，随着儿童年龄的增长、认知能力提升、广告经验增多，他们对广告主和其他说服中介所引发的一系列心理事件的理解自然会逐渐加深，对广告策略的理解也会随之深入。除了广告说服知识外，儿童在成长过程中也会努力发展出其他多样化并具有挑战性的消费者技能。John的社会化模型将对儿童广告说服知识的阐述置于这一广阔的消费者技能背景之下，为对儿童广告说服知识的理解提供了更综合性的视角。

综上，在儿童广告说服知识理论形成和发展的第二阶段，学者们进一步深入和拓展了广告说服知识的内涵和外延，并且将重点放在探讨儿童如何发展广告说服知识这一过程上，提出更明确的儿童在面对广告时的潜在心理机制和应对策略。然而，这一时期提出的有关具备广告说服知识和运用广告说服知识的区别,需要在理论上进一步巩固。同时,纵然心理机制中不同的心理中介变量被提及,这些变量作为广告说服知识的重要组成部分并没有得到系统的分类,更没有学者实证性地研究过这些变量与广告效果的关系。此外,以往的文献几乎全都关注于儿童对传统媒体广告,尤其是对电视广告的认识和理解,缺乏对有关非传统广告和新媒体广告的说服知识的研究。不过这些不足之处都在下一个阶段得到了一定的补充和发展。

3. 理论丰富阶段

在第三阶段,Moses 和 Baldwin(2005)评估了有关认知发展的研究以及这些研究如何揭示儿童评价和应对广告的能力。虽然先前关于儿童和广告的研究大量借鉴了皮亚杰的发展理论,两位学者主张最新的研究路径关注于儿童的"心智理论"(theory of mind)和"执行功能"(executive functioning)这两种技能的发展。心智理论涉及一系列统一、相关的有关心智和心态的传统知识,且这些知识能被用来说明、预测和解释人类行为和互动,因而心智理论也被称作信念—欲望心理学(belief-desire psychology)(Wellman,1990),它是在发展心理学文献中被深入研究过的一个变量。根据心智理论,社会发展会使儿童具备理解他人思维状态的能力,并利用这种能力来预测他人的未来行为。执行功能则是指高阶的、自动调节的认知过程,它协助监督和控制思想和行动,是对我们产生新的或罕见的以及撤销或停止早已熟悉的习惯起主要作用的功能(Carlson,2005)。执行功能由各式各样的认知能力组成,包括抑制控制、定势转换、注意灵活性、计划、自我管理、冲动控制、对干扰的抵抗、错误觉察和修正、选择性注意力、集中注意力和工作记忆(Moses & Baldwin,2005)。这些技能都包含在监视和控制一个人的想法和行为中。

通过对相关主题的文献的回顾，Moses 和 Baldwin 提出两大预测：一是以心智理论文献为基础，儿童在七八岁时会对广告所隐含的意图有良好的概念；二是以执行功能文献为基础，儿童得在其个人发展较长一段时间之后才能有效地利用他们所知道的说服概念来应对广告。以心智理论作为研究框架，McAlister 和 Cornwell(2009)通过两个实验探索了人口发展变量对 3 到 5 岁儿童的广告说服知识的产生所带来的影响。他们的研究表明，在心智理论发展之前，儿童确实无法识别广告中的说服，这最可能是因为儿童无法思考广告主的意图。换句话说，3 到 5 岁儿童的说服知识还正处于发展中，而心智理论是儿童说服知识发展的先决条件，因为在该研究中，心智理论在统计上解释了被试儿童的说服知识的大部分变化。虽然是建立在不同理论上的研究，McAlister 和 Cornwell 所展示的结果和 John(1999)的结论一致，即 3 到 5 岁的儿童是未能掌握广告说服知识的，儿童对广告说服知识的掌握要到差不多 6 岁时才开始实现。

除了对说服知识的掌握，儿童是否能有效运用所具备的广告说服知识在这一阶段也得到了进一步的研究。认知功能的发展会对儿童处理、应对和防御广告产生巨大的影响。儿童也许能非常良好地感知到广告隐藏的意图，但是除非儿童向内获取这些说服知识并保持将其摆在自己眼前，他们几乎不能够防御广告带来的潜在不良后果(John，1999)。Moses 和 Baldwin(2005)指出，不成熟的执行功能将在好几个方面使得儿童受到伤害。儿童可能在感官上被广告中明显的、令人愉快的、但是又毫不相关的视听效果所诱惑(即执行功能里的抑制控制和对干扰的抵抗)。当注意力被这些吸引后，他们很难将注意力转移到广告中更相关的但是较不明显的特征上，例如产品质量、价格、声明以及说服意图(即执行功能里的注意灵活性)。同时，广告中的信息将一次性通过各种视听渠道迅速到达这些儿童，使得儿童很难在大脑里保持住这些信息（即执行功能里的工作记忆）。最后，即使儿童已经有效地处理了广告信息并且知道广告中关于产品的声明很可能被夸大，一旦进入市场后，他们很可能违背自己的判断而仍旧购买这些产品（即执行功能里的冲动控制和决策制定）(Moses & Baldwin，2005)。

Livingstone 和 Helsper(2006)通过回顾有关广告和儿童食品选择的大量文献发现，年幼的儿童并不比十几岁的儿童更容易受到广告的影响，尽管后者的广告说服知识比前者要高。通过运用认知说服的双重加工模型(dual process model)进行分析，两位学者发现不同的说服过程会对不同年龄的儿童起作用。双重加工模型指的是在某种情况下，人们会通过中心路径或系统地、认真地加工说服信息中的论据，而在另一些情况下，人们会通过边缘路径或走认知捷径，用一系列认知上启发性的线索（主要是感知信息）或简单的决策规则来加工回应信息。这两种信息处理方式的区别就是受众在准备加工信息时的动机或积极性，以及他们的能力。如果受众没有足够的动机并且没有能力（对于儿童来说，就是指使用他们的广告说服知识）来参与信息加工，则受众不太可能采用中心路径加工信息，而转而使用边缘路径，关注信息的次要特征。此外，取决于信息论据的说服力度，使用中心路径加工信息可能导致对信息的存疑和抵制，或反过来接受信息。Livingstone 和 Helsper(2006)将所回顾的文献与消费者社会化过程联系在一起，提出所回顾的文献的结果也是和 John(1999)的年龄—阶段提议相一致的，即 3 到 7 岁的幼年儿童的信息加工呈现出有限性、单一维度、关注于感知特征的特点，而 11 到 16 岁的儿童其对广告的反应则呈现出反思和策略性的特征。他们认为 John 的年龄—阶段提议适合双重加工模型的说法，即幼年儿童的有限说服知识阶段可与模型中的感知信息加工相对应,十几岁儿童的反思说服信息阶段则与模型中的中心路径加工相对应。而对于 7 到 11 岁的儿童来说,由于他们正处于对广告说服意图的学习和理解过程中,且又无法总是使用这一能力,则执行功能的理论更适合用来解释这一阶段的儿童说服知识和广告效果的关系。正如 John(1999)将这一阶段命名为分析性和提示性阶段,儿童必须受到某种提示才能使用他们正在发展的分析技能。鉴于此,年龄在 11 岁前后的儿童也是本书的重点研究对象。

进入 21 世纪,广告环境也发生了巨大的变化。当时的学者发现,在这之前的大部分有关广告和儿童认知发展的研究集中于 20 世纪 70 到 80 年代中期(Moore, 2004; Wright et al., 2005)。由于彼时很大一部分广告来自于电视,并且儿童是电视节目的积极受众,同一时期的研究也几乎关注在儿童与电视广告上。相应地,当时的理论模型也都是在特定媒介情境(电视)和特定广告任务(观看标准的电视广告)下提出的,而这些传统广告的特征就是各自独立、与电视节目分开、有标准长度、且在可预测的节目间隙或区间内播放。

进入 21 世纪,面向儿童的市场营销活动其本质、类型和数量都发生了实质性的变化。随着儿童的屏幕时间逐年增长,除观看电视节目外,儿童的电视游戏和网络娱乐时间也增长迅速。这意味着儿童有大量机会和大量时间接触到不同于常规电视节目的非传统广告,包括各式各样的网络广告以及嵌入电视游戏中的品牌植入广告(Nelson, 2005)。当时面向儿童的隐秘式营销也呈现增长趋势(Sprott, 2008)。这类营销的特点就是模糊营销信息和生产该信息或赞助该信息的公司之间的真正关系(Martin & Smith, 2008),其类型包括病毒营销,即通过邮件或电子口碑传播来扩散品牌赞助的产品或服务;品牌推手,即雇佣儿童向他们的朋友推荐产品(Acuff, 2005);名人或角色背书

(Patino, Kaltcheva, & Smith, 2011);电影、电视节目、游戏和社交媒体网站里的品牌植入(An, Jin, & Park, 2014);影视剧及流行歌曲周边(Kaikati & Kaikati, 2004);以及儿童网站上品牌商赞助的广告游戏(An & Stern, 2011; Lee, Choi, Quilliam, & Cole, 2009)。当时的学者通过检视同一时期的儿童网站发现,有将近73%的网络广告与网站的娱乐内容融为一体而不是在屏幕上不同的位置被清晰标出,说明这些广告具有隐蔽性(Fielder, Gardner, Nairn & Pitt, 2007)。这些与媒介环境合二为一并且通常具有互动特征的新广告形式,已与传统的以提供产品事实信息为主的广告形式大不相同。Nairn 和 Fine(2008)认为这些新广告形式将产品或品牌与报偿性刺激(例如愉悦、奇幻、满足)相关联,是一种有效利用评价性条件反射(evaluative conditioning)这一说服机制的广告形式。具体来说,通过使用有吸引力的名人、有趣的网络广告游戏、以及在受欢迎的影视作品中进行广告植入等方式,传递出的是不易被察觉的品牌联想,而不是纯粹的理性或事实性的信息,从而诱发积极的品牌记忆。Nairn 和 Fine 认为,当代儿童广告形式在执行方面的改变意味着这些广告不再明确地显示出说服意图,这对儿童的广告说服知识和认知防御是极大的挑战。

在新形式广告迅速发展这一大背景下,Rozendaal 等(2011)提出需要重新考虑传统意义上的说服知识对于儿童防御广告效果的作用。他们认为,在当前有关儿童与广告的文献中,广告说服知识被定义为对广告的概念性的知识(conceptual knowledge of advertising),并以若干个理论模型提供有关具体的说服知识类型的洞见。这些模型识别出概念性广告说服知识的七个组成部分:(1)广告认知(recognition of advertising),即区分广告和其他媒介内容(例如电视节目、编辑性网络内容等);(2)广告来源认知(recognition of advertising's source),

理解谁为广告信息付费；（3）对目标受众的感知（perception of intended audience），理解有关受众目标市场选择和细分的概念；（4）对广告销售意图的理解（understanding advertising's selling intent），理解广告试图销售产品；（5）对广告说服意图的理解（understanding advertising's persuasive intent），理解广告试图通过改变他人的心理状态，例如对产品的态度和认知，来影响消费者的行为；（6）对广告主的说服技巧的理解（understanding advertiser's persuasive tactics），对广告主使用具体策略来增强和美化其产品的理解；（7）对广告偏见的理解（understanding of advertising's bias），知道广告产品和真实产品间存在差异。

然而，现有文献表明，概念性广告说服知识不足以增强儿童对广告的防御或降低广告对他们的影响。Rozendaal等人的理由如下。第一，传统上的认知防御主张忽视了"加工"广告说服知识和"使用"广告说服知识作为防御的区别。即使儿童具备所需的概念性广告说服知识，他们事实上也不一定会使用它作为对广告说服诉求的关键防御。这是因为儿童使用广告说服知识作为防御的可能性很大程度取决于他们是否有动力和能力对广告信息进行详尽加工。只有对广告信息进行高度加工，他们才有可能检索、获取和使用广告相关的知识（Buijzen，Van Reijmersdal，& Owen，2010）。换句话说，要使概念性广告说服知识成为防御，儿童必须有相对高的动力和能力加工广告信息。第二，现代新媒体广告和非传统广告，尤其是面向儿童的广告，大都利用强烈的情感或五花八门的感官信息进行劝诱。这些广告常常使儿童高度卷入其中，一方面限制了儿童对广告信息进行详尽加工的动力和能力，因此儿童不太可能去检索和应用其所具备的概念性广告说服知识作为广告防御；另一方面，在如此强烈的情感卷入状态中，儿童对于信息认同的意愿也很可能强过他们防御、抵制该信息的意愿。再者,由于新形式的广告具有植入性和不易察觉等特征(例如电影植入和广告游戏),这些广告信息在很大程度上依赖低水平的信息加工,因此儿童也不太可能检索和应用广告说服知识作为关键防御。更何况,概念性广告说服知识可能对新形式广告并不是很有效。已有研究表明,儿童对非传统广告的理解在发展上远远迟于他们对传统广告(例如电视广告)的理解,而传统广告的说服知识并不影响儿童对非传统广告形式的反应。第三,除了由非传统广告本身带来的信息加工困难外,儿童自身不成熟的认知能力也会进一步限制他们在详尽性、批判性的水平上加工广告信息的能力。Rozendaal 等认为,为了使用广告说服知识作为防御,儿童必须具备认知上的控制力来中止并识别出广告信息的说服本质。换句话说,他们需要从广告身上转移注意力(即中止)并选择性地思考或制定一个认知脚本来防御广告信息。为了实现"中止"和"思考",儿童必须能够执行足够的认知控制("中止"),并以此得以批判性地评价广告("思考"),而这两者又依赖于儿童在执行功能(executive functioning)和情绪调节(emotion regulation)上的发展。现有研究表明,执行功能和情绪调节功能的发展与大脑前额皮质的成熟度紧密相关,而前额皮质要到青春中后期才能达到成人水平(Zelazo & Cunningham,2007)。

因此,Rozendaal 等人提出,现有关于儿童广告说服知识的概念模型需要进一步扩展并包含两个维度:(1)广告说服知识执行,即对概念性广告说服知识的实际应用,以及(2)态度性广告说服知识,即能在低细化加工(low-elaboration)状态下起到防御功能的且只需付出较少努力的态度性(防御)机制。大量研究表明,当对某具体广告信息进行加工时,原本持有的对广告的总体性的批判态度(包括对广告的反感和对广告的怀疑)会无意识地引发负面情感,而这种情感会自然而然地转移到该广告或被广告的品牌上去(Mangleburg & Bristol,1998)。广告怀疑指的是对广告动机和广告文案所产生的否定或消极的态度(Boush et al.,1994),它能够帮助儿童如成人般质疑和忽视广告文案。广告怀疑也能使儿童识别广告中带有偏见的观点(Brucks et al.,1988;Mangleburg & Bristol,1998)。因此,当对广告信息的加工处于低详尽状态时,由于对认知需求较低,儿童对认知功能和情绪调节能力的依赖也会减少。这一状态下,态度性广告说服知识会比概念性广告说服知识更胜任有效的广告防御这一角色。

Hudders 等(2017)在最新的论文中对广告说服知识如何影响儿童对植入式或嵌入式广告信息的加工做了进一步扩展和阐释。与Rozendaal 等人一致,文中认为植入式或嵌入式广告之所以对儿童影响巨大,一是因为儿童对这类广告的说服知识的确有限,二是因为这类广告降低了儿童识别广告内容及对其反思的能力和动力。具体来说,由于这类广告整合了包含广告和娱乐内容在内的大量信息,儿童在曝光时需要同时对这些信息进行加工,信息过载无疑增加了大脑的认知负担。认知负担指执行某一任务所需的脑力资源的总量。因此,儿童就需要较高水平的自我调节来管理他们的注意力并区分相关(例如娱乐内容)和不相关(例如广告)的信息。然而,信息过载已相当损耗儿童的自我调节资源,这使得儿童在反思广告内容上难上加难。与此同时,由于新形式的广告通常基于趣味性,例如将广告植入好玩又令人兴奋的游戏中,导致儿童更缺乏足够的动力来批判性地对待广告内容。

Hudders 等(2017)将儿童的广告说服知识定义为广告相关的知识和技能,即素质性广告知识(dispositional advertising literacy)以及儿童识别和批判性反思广告的能力，即情景性广告知识（situational advertising literacy）。素质性广告知识被看作消费者所掌握的，由与广告情景中说服有关的知识、技能和能力所组成的联想网络（associative network）。儿童面对说服信息时的批判性反思（情景性广告知识）则是基于对素质性广告知识的检索。根据联想网络理论（Anderson & Bower，1973），人类大脑类似于一张由不同的、相互连接的信息块或节点组成的网络。这些节点在本质上或呈现语义性特征，如指向一个主题、一个目标、一个种类，或呈现情感特征，如指向某种感受或情感状态。通过扩散激活这一过程，凸显某节点会自动触发相连节点所构成的网络。因此，网络连接越强，也就越容易检索到某类信息。

Hudders 等人认为，素质性广告说服知识正是一个包含了与广告相关的各个信息节点的实体，这些节点具备与广告相关的在认知、情感和伦理道德上的意义，并会在面临说服企图时被激活。儿童能否在面临广告时激活联想网络上的相关信息节点并以此批判性地反思广告以及激活的容易程度取决于儿童的应对技能，而应对技能正是连接素质性广告知识和情景性广告知识的关键。更详细地说，这些技能决定了联想网络上相关认知、情感、伦理道德等信息节点能被激活的程度、速度和精确度（素质性广告知识）并协助个体在广告曝光时激活相匹配的应对策略（情景性广告知识）（Hudders et al.，2017）。此外在这一最新讨论中，Hudders 等人还补充并强调了"伦理"作为广告说服知识的新增维度。这一维度的提出与近年来学者呼吁重视心智理论息息相关（Moses & Baldwin，2005）。我们在前文有提及，心智论认为，只有当儿童能够考虑到重要他人的可能性观点时（即观点采择能力），他/她才能够理解广告主的具体意愿和目标以及他们和自己所持目标的区别,而这往往要到儿童9岁时才会发生。观点采择能力是儿童社会能力的组成部分,并被证明是儿童道德发展的决定性因素(Moses & Baldwin,2005)。然而过去的研究大量关注于儿童有关广告盈利意图知识(即广告的销售意图和说服意图)的发展,至于儿童如何看待广告策略的恰当性、欺骗性(即道德性广告知识),以及这些观念是如何发展的,我们对此知之甚少。

## 4. 小结

综上,有关儿童广告说服知识的研究还存在许多理论空白。同时随着广告环境的演化和新广告形式的出现,儿童和新形式广告之间的关系问题将层出不穷。就儿童对新广告形式和传统广告形式的理解上,现有研究已发现两者存在显著差异。Owen 等学者(2013)在对134名6至7岁和9至10岁的儿童通过访谈后发现,相比较非传统广告(例如电影和游戏的品牌植入、产品授权、节目赞助和广告游戏),这些儿童明显对传统电视广告有更成熟的理解。其中,植入式广告对儿童来说是最难理解的。由此得出结论,儿童对非传统的营销策略理解有限,并因此将缺乏相应的认知技能来批判性评估这类营销。同样,Uribe 和 Fuentes-Garcia(2017)在对9岁、12岁和15岁的儿童调研后发现,受访者对电视广告的理解明显高于对电视节目中品牌植入的理解;虽然广告知识都会随着受访者年龄的增长而逐渐提升,儿童有关品牌植入知识的发展远远落后于电视广告知识的发展。具体来说,相比于9岁的儿童,12岁的儿童已意识到电视广告具有销售意图,但他们认为品牌植入只是某种信息。此外,现有文献对广告说服知识在非传统广告对儿童影响中所扮演的角色也有较为一致的发现,即广告说服知识对儿童对非传统广告回应的影响有限(例如:Mallinckrodt & Mizerski, 2007; van Reijmersdal, Rozendaal, & Buijzen, 2012;

Waiguny，Nelson，& Terlutter，2012)，以及态度性广告说服知识比概念性广告说服知识对非传统广告的影响更显著（例如：Panic，Cauberghe，& de Pelsmacker，2013；Rozendaal，Slot，van Reijmersdal，& Buijzen，2013)。这些发现支持了儿童在面对广告时能否检索并运用广告说服知识的重要性，也支持了非传统广告在说服策略上不同于传统广告，前者不但隐蔽且充斥着情感说服技巧，儿童的认知防御在这些技巧前显得脆弱无比。与此同时，情感负荷又进一步加大了儿童检索和运用广告说服知识的难度。虽然随着年龄的增长、处理广告信息实践的增多，儿童将逐渐发展出对广告的综合性的理解，儿童在应对广告说服时的熟练性和策略性仍旧高度依赖于情境。换句话说，儿童只能熟练地、有策略地应付他们曾经碰到过的同一媒介中出现的相同形式的广告策略或相同的说服情境。

尽管学者已研究过儿童对不同广告形式的理解，至今仍未有研究在量化上揭示儿童是如何理解社交媒体广告，即儿童的社交媒体广告说服知识水平。通过访谈的质化研究发现，儿童将网络广告等同于旗帜广告、点击类广告和弹出式广告，但他们并不把社交媒体的品牌主页、视频分享网站或公司网页作为广告传播的形式(Lawlor，Dunne，& Rowley，2018)。这说明儿童对于社交媒体上什么内容是广告有着非常狭隘的观点，而且他们也没有意识到广告主试图通过这些内容去诱发或改变他们的行为（例如品牌点赞、品牌相关的分享和热议)。因此，本研究将深入这一议题，通过收集相关数据来揭示儿童对社交媒体广告的理解，以及儿童的社交媒体广告说服知识如何影响他们对社交媒体广告的参与。

# 三、儿童对社交媒体广告的理解和广告参与

## （一）社交媒体广告

社交媒体已经成为现代人满足展现自我、认识他人的社交需求，获取新闻资讯、传播热点事件，以及提供消费决策信息、建立和维护品牌客户关系的重要媒介载体(Pentina, Guilloux, & Micu, 2018)。社交媒体广义上指基于 Web2.0 的理念和技术基础，允许创造和交换用户生成内容并使用网络的应用程序(Kaplan & Haenlein, 2010)。根据最新的营销和商业出版物，社交媒体一词比社交网络一词更加宽泛，且前者关注在用以发布和传播内容的媒体上，而社交网络则更关注人(vs. 媒体)以及社交网络平台上已注册用户间关系的社会结构(Burke, 2013; Cohn, 2011; Veerasamy, 2013)。在中国的社交媒体应用市场，社交媒体根据功能主要分为即时通信工具、综合社交、图片视频社交、婚恋社交、社区社交及职场社交工具共六大类(2016 年中国社交应用用户行为研究报告, 2017)。据第 41 次中国互联网络发展状况统计报告统计显示，截至 2017 年 12 月，中国即时通信用户的规模已达到 7.20 亿，与 2016 年底相比增长了 5395 万，占网民总体的 93.3%。随着移动通信网络环境的改善和智能手机的普及，手机已经成为活跃社交媒体用户最主要的使用设备，这无疑提升了社交媒体的

渗透程度。同时,从社交媒体用户的年龄结构来看,占据整体人群比例最大的是 20～29 岁的用户,其中 19 岁以下的青少年用户占比已达 20% 以上。由此可见,对于青少年而言,社交媒体已经成为他们日常生活中必不可少的一部分。

社交媒体构建了一个用户愿意付出相当的使用时间并能够方便快捷地分享个人兴趣爱好、经历体验以及日常生活点滴的平台(Jung,2017)。因此对于社交媒体用户而言,社交媒体已不仅是信息的来源,自我展现成了使用社交媒体的主要动机,比如可以通过发布和接收文字、图片或视音频等进行展现,并能够通过使用社交媒体以保持个人社交圈子的信息更新(Voorveld, van Noort, Muntinga, & Bronner,2018)。对于广告主来说,社交媒体则让广告主能及时、准确、直接地与终端消费者进行沟通(Kaplan & Haenlein, 2010)。Waters 和 Jones (2011)对最热门的前 100 名非营利组织的 YouTube 频道进行内容分析后,认为社交媒体最主要的作用在于告知和教育目标群体,尽管这些频道没有充分利用社交媒体的互动性特征让目标群体更加直接地参与讨论。Parsons (2013)对发布在 Facebook 的 70 个全球品牌的主页进行了分析,指出全球品牌在社交媒体沟通的本质在于尝试与消费者建立良好的关系,而不是简单地提供品牌或产品信息。

虽然学术界对社交网络的研究已有 20 多年的历史,但对社交媒体广告的研究从 2008 年才开始(Hadija et al., 2012)。社交媒体广告通常被定义为各式各样的通过社交网站发布的广告,不管其是显性广告(例如旗帜广告和商业视频)亦或是隐性广告(例如粉丝主页或公司相关的微博发文)(Taylor, Lewin, & Strutton, 2011)。在起初的研究中,由于担忧隐私及社交网络作为广告媒介的可信性,学者们对社交媒体广告的效果抱有怀疑(Hadija, et al., 2012; Kelly, Kerr, &

Drennan，2010，2013；Wallace，Walker，Lopez，& Jones，2009），但目前绝大多数行业从业人员和研究者一致认为在社交媒体上传播品牌化内容十分有效（Eisingerich，Chun，Liu，Jia，& Bell，2015；De Keyzer，Dens，& Pelsmacker，2015；Mir，2012；Parsons，2013；Taylor et al.，2011；Zhang & Mao，2016）。与其他数字广告相比,社交媒体广告的内容传播主体不再是单一的广告主本身,消费者或者社交媒体用户可以成为重要的传播者,并且在传播的过程中运用个人的社交网络资源进行内容创作,从而获得有可能比广告主更具有说服力和信任度的传播效果（Gavilanes，Flatten，& Brettel，2018）。广告主也能利用社交媒体在网络环境下同时兼容多种设备的特性,运用量化的手段对用户的网络使用行为和个人信息（包括联系信息、资料信息、品牌产品偏好信息等）进行采集、记录、跟踪和分析,依此对用户投放行为定向广告（Boerman，Kruikemeier，& Borgesius，2017）。因此,社交媒体广告比其他数字广告更加个性化、更有针对性,并且更关注个体沟通,未来广告的发展趋势在社交媒体身上得到了充分的体现（Schultz，2016）。换句话说,消费者在社交媒体中扮演着生产原创内容并传播广告内容的积极角色,广告主则能充分发挥社交媒体广告的精准性和互动性优势,让品牌和/或广告相关信息的生产和再生产在消费者、广告主及企业三者之间进行传播。随着社交媒体广告越来越受到全球市场营销从业人员的关注,2016 年全球社交媒体广告市场份额已达 264 亿美元,占全球网络广告市场的 13%；其中中国的社交媒体广告收入已达 37 亿美元,占中国网络广告市场的 8%（Statista，2016）。

尽管对社交媒体广告的研究日益增长,学者们却发现没有研究曾对公司在社交媒体上发布的内容进行过系统的划分（Kumar，

Bezawada，Rishika，Janakiraman，& Kannan，2016），尤其是对不同类型的商业信息（Brettel，Reich，Gavilanes，& Flatten，2015；Rishika，Kumar，Janakiraman，& Bezawada，2013；Sabate，Berbegal-Mirabent，Canabate，& Lebherz，2014）。例如，企业主在运营社交媒体品牌主页时，可在上面发布各式各样的与品牌相关的可共享的广告内容（例如产品信息、娱乐视频），亦或通过创造具有信息价值的内容邀请受众尤其是意见领袖参与到广告中。消费者则可通过关注或点赞感兴趣的内容成为品牌的粉丝，分享内容或发起品牌讨论。显而易见，在社交媒体上内容所扮演的角色是至关重要的，企业主发布不同的广告内容很可能引起消费者不同的反应（Rishika et al.，2013），而广告内容长久以来被证实是广告效果的最重要的调节因素之一（Bertrand，Karlan，Mullainathan，Shafir，& Zinman，2010；Lothia，Naveen，& Herschberger，2003；Petty & Cacioppo，1981；Singh & Cole，1993）。同样我们也可以预料到，同一消费者尤其是儿童对于不同的广告内容将具备不同程度的辨识能力、理解能力和信息加工能力，并由此引起不同程度的广告应对策略和广告参与行为。因此，研究儿童对社交媒体广告的理解和参与，有必要先对企业的社交媒体广告进行系统和稳定的分类，这样才能对广告内容的影响进行量化分析和比较。

为了填补这一研究空白并拓展新知，Gavilanes 等学者（2018）回顾了过去相关的文献，尤其是有关于企业在以营利为目的的 B2C 环境中推出数字化品牌内容的研究。他们在 Taylor、Lewin 和 Strutton（2011）提出的有关社交媒体广告的通用定义的基础上，将社交媒体广告定义为公司通过社交网络推出的品牌化内容（例如公司在微博上发布的内容），这些内容或显性或隐性地提及公司产品，透露促销活动

（例如优惠、抽奖、打折），寻求用户反馈，传递信息或娱乐内容，并且/或提供有关品牌或组织的最新信息（例如商标、故事、雇员信息）。通过回顾文献，他们将企业推出的社交媒体广告内容概念化为七大类别，分别是：(1)当前产品展示（即以文字和/或图片的形式展示当前各种各样的产品及/或产品特征），(2)新产品发布（即以文字或图片的形式显示或通告新产品或服务），(3)抽奖及比赛（即宣布抽奖，激励用户必须通过做某事来参与并有一定的可能性赢得某物，包括比赛信息、规则、比赛的网页链接等），(4)优惠（即宣布即将或正在进行的优惠或促销活动，包括打折信息、搭送的随赠品、优惠券等），(5)客户反馈（即请求用户提供诸如评分、评级、产品或事件反馈、用户原创内容等输入），(6)资讯娱乐信息（即推送信息并/或通过新的、真实有用的、教育性的和/或有趣的信息、搞笑视频或图片、娱乐新闻、季节性推送和问候等内容娱乐用户），以及(7)组织品牌化（即强调组织或品牌，包括商标、广告口号、公司信息、组织特征、店铺分布、雇员等）(Gavilanes et al.，2018)。这一分类是目前为止学术上对由企业原创的社交媒体广告内容最为系统且稳定的分类。因此，本书将以此为框架，研究和探讨儿童对社交媒体广告的辨识和理解。

## （二）社交媒体广告参与

现有的市场营销研究对消费者广告参与(engagement)或又称品牌参与有着不同的定义(Hollebeek，2011；Malthouse, Haenlein, Skiera, Wege, & Zhang, 2013)，其中大部分研究将消费者广告参与行为定义为消费者在与广告或品牌互动的过程中或在品牌体验中所呈现出的一种心理状态(Brodie, Ilić, Jurić, & Hollebeek, 2013)。这一概念化方式源自 Zaichkowsky(1994)的品牌卷入度概念，它反映了消费者对品牌的兴趣以及消费者可感知到的自我和品牌的相关性,并与消费者品牌忠诚度和满意度有着显著的关联(Coulter,Price,& Feick,2003)。此外也有研究者认为,品牌参与是一种引发消费者与品牌及品牌社区互动行为的心理动机,因此参与是先于消费者的实际行为出现的(Algesheimer,Dholakia,& Herrmann,2005;Calder,Malthouse,& Schaedel,2009)。尽管研究者们一致同意消费者品牌参与是一个多维度的复杂概念(Calder,Isaac,& Malthouse,2016;Hollebeek,Glynn,& Brodie,2014),由于对品牌参与的概念化定义不同,他们在其操作化定义和测量上也出现一定的分歧。具体来说,强调品牌参与"动机"的研究者识别出实用性、享乐性、社交性、自尊、仿真性、社区性、时间性和享受是消费者品牌参与这一概念的组成部分(Calder et al.,2009);而强调心理"状态"的研究者提出,由于消费者品牌参与是在消费者与品牌相关的活动中显现出来,品牌参与的组成部分应包括消费者的认知加工、情感和行动(Hollebeek et al.,2014)。

从另一方面来看,虽然以上学者从不同的角度为消费者品牌参与提供了心理学上的解释(即一个强调心理动机,一个强调在参与过程及参与之后所产生的情绪和心理过程),这些解释并没有描述消费者基于动机、心理和情感上的参与而表现出来的实际行为。即便Hollebeek等人(2014)有将"行动"作为品牌参与的一个维度,以此区别于认知加工维度和情感维度,细看这些学者在研究中的具体量表会发现,其行动维度更像是在测量消费者的品牌忠诚行为,而不是真正的社交媒体上的品牌参与。为此,也有另一部分学者提出,消费者品牌参与并不只是一种心理上的状态,而是消费者在与品牌及其他与品牌相关的消费者互动时所展示出来的行为(Kumar et al.,2010;van Doorn et al.,2010)。这一观点则更接近于目前在社交媒体营销实践中最常见到的、以消费者的行为作为营销效果的评估指标，并比其他学者的观点更具备可测量和可执行性。

上述可见，现有市场营销研究对消费者品牌参与的具体定义无法达成共识。这一研究分歧可能是因为：(1)品牌参与是近些年才出现的新概念，学者们对其本质及特征的研究还处于初始阶段；(2)研究中对品牌参与的概念化和操作化定义取决于研究对象（即参与）所发生的媒介环境（例如社交媒体、网络游戏社区）、情境变量（例如广告）、涉及的主体（例如品牌社区）和具体的测量、分析方法（Brodie，Hollebeek，Jurić，& Ilić，2011）；以及(3)就算在网络品牌社区和社交媒体营销等实践领域，消费者品牌参与也是一个相对较新且仍在快速发展的营销现象（Lemon & Verhoef，2016），这不断丰富着品牌参与的内涵和外延，也促使学者们更新观念、产生不同的观点和思考。

综上，本研究将社交媒体广告参与定义为消费者通过与社交媒体上的广告和品牌的互动而表达出来的在认知上和情感上的态度及行为，它是消费者在面对社交媒体广告时所获得的所有体验的总和（Voorveld et al.，2018）。就参与这个概念本身来说，它是能够被量化并以不同程度来描述的。Hollebeek(2011)指出参与的程度代表了消费者和品牌之间在不同阶段所呈现出来的具体的参与状态。学者们也一致认同参与程度是一个能从最低到最高参与度变化的连续性的变量（Malthouse et al.，2013）。然而，是否能对这一连续性变量进行阶段性划分？且应当如何划分？现有研究莫衷一是。对参与程度进行阶段性划分的重要性在于，它能帮助我们深入理解每一阶段的参与状态及其具体表象，同时在分析参与和其他变量（例如儿童的广告说服知识）的关系时，能通过阶段变化而更有针对性地解释变量间的关系。

Malthouse 等人(2013)基于便利性将参与程度简单分为低参与度和高参与度两个阶段。Maslowska 等人(2016)将品牌对话行为概念化为三个层次:看广告,参与广告对话,以及共同创建品牌内容。同样,Muntinga 等人(2011)和 Shao(2009)将品牌参与描述为三个阶段:消费(例如点击),参与或贡献(例如评论),以及生产或创造(例如发表)。然而这些分类法受到了学者的质疑。Gavilanes 等人(2018)认为应该从更细微的角度对品牌参与程度进行阶段性划分。他们的理由是,第一,社交媒体广告的品牌参与是一个类似于广告信息加工的过程,而广告研究中通常会使用至少三个以上的步骤来描述消费者在大脑中如何加工广告信息,例如广告推送,被动感知,主动消费,认知加工,情感加工,以及购买或支持等(Vakratsas & Ambler, 1999)。第二,过去的广告研究识别出在消费者被动观看广告和在认知或情感加工广告之间,还存在一个消费者过滤广告信息并建立广告态度的步骤(MacInnis & Jaworski, 1989)。这一步骤与广告效果密切相关(Okazaki & Taylor, 2013),所以应当加以区分。第三,社交媒体广告与传统广告最大的区别之一就在于前者关注促进消费者主动参与广告,并在"参与"的具体形式上赋予了更多的含义,因此对不同的参与形式也应该加以区分。

基于上述原因,Gavilanes 等人(2018)提出一个由弱至强的四阶段连续模型来概念化社交媒体上的品牌参与。第一阶段为中立消费(neutral consuming)阶段,指消费者通过社交媒体所提供的功能(例如点击、阅读、放大等用以弄清内容的方式)来消费广告或品牌内容。它展示的是消费者对广告或品牌的感知、注意和潜在兴趣,因此表达的是一种较弱的参与度。第二阶段是积极过滤(positive filtering)阶段,指消费者通过社交媒体上的功能(例如点赞)来表达对广告或品牌的情感倾向。它所展示出的是消费者对广告或品牌在某种程度上的情感投资,因此所表达的是中等程度的参与度。第三阶段是认知和情感加工(cognitive and affective processing)阶段,指消费者建立在情感之上的对广告或品牌在内容上的投入。例如评论一条品牌相关的微博,这一行为包含了消费内容、形成情感上的立场、决定用评论来表达立场、撰写评论和发表评论等众多参与过程,这些过程会比点赞一条微博花费更多的时间、努力和对微博内容的认知加工。因此,第三阶段所表达的是更深层次的品牌参与度,它呈现了消费者在有限的品牌环境里创建与品牌相关的内容。最后一个阶段是品牌支持(advocacy),指消费者自己发表品牌相关的内容从而让其他人来消费或参与。例如转发或分享一条品牌相关的微博,这其中不仅包含了消费者对该微博的评论,更意味着消费者贡献出了自己的微博空间和联系人,并公开表达情感诉求。通过分享一条与品牌相关的微博,品牌内容也成为消费者数字身份的一部分。因此,这一阶段代表了品牌参与的最高阶段,它展示了消费者在分发品牌内容上所扮演的积极的角色,且作为可靠的信源,消费者在分发过程中也为品牌再创了价值。综上,本研究将以 Gavilanes 等人(2018)提出的四阶段概念化模型作为研究和分析儿童消费者在社交媒体上参与广告互动的基本模型。

## (三)儿童对社交媒体广告的理解和参与

有关社交媒体在儿童生活中所扮演的角色以及儿童具体如何使用社交媒体的文献于最近十几年有增长的趋势。学者们识别出 8 至 18 岁的儿童已参与各式各样的社交媒体行为,诸如粉饰个人社交档案,扩大朋友圈,以及玩社交游戏等(Clarke, Goodchild, & Harrison, 2010;Willett, 2009;Ronzendaal et al., 2013)。学者们也发现儿童参与社交媒体的关键动机是身份管理（Anderson & McCabe，2012；Stern，2008）。例如，Livingstone 和 Brake（2010）观察到十几岁的儿童使用社交媒体的动机是希望呈现一个积极的身份并以此赢得同伴的社会认可。在一个广告营销的传播环境中，这些年轻消费者的身份特征还可以通过在他们的社交媒体主页上公开表明自己对某知名品牌的忠诚度得以彰显。那么，在使用社交媒体的过程中，儿童是如何参与到社交媒体的广告中去的？他们的参与程度如何？这种参与行为又与其他广告参与有何区别？这是我们需要通过调查研究来解决的问题。

在社交媒体上，由企业原创的广告说服信息将是儿童辨识的难点，因为这些内容通过社交媒体被赋予了植入性、社交性和娱乐性的特征。一方面，这不符合儿童对广告特征所持有的固有认知；另一方面，这些广告所具备的特点使其愈加模糊了信息和说服的边界，对儿童的有限认知能力是一个极大的挑战。那么，儿童是如何理解社交媒体广告的？这也是我们需要通过获取相关数据来揭示的问题。更重要的是，社交媒体广告是通过何种心理机制对儿童的品牌参与施加影响的？广告说服知识在其中又扮演着何种角色？根据说服知识模型，当儿童识别出广告的说服意图时，他们对广告持有的整体和谐感及信任感就会遭到破坏，也就是产生所谓的"分离效应"（Friestad & Wright，1994）。有关分离效应的研究发现，消费者对说服意图的识别会引起他们对广告信息的怀疑态度，并降低广告的说服效果（Brown & Krishna，2004；Main，Dahl，& Darke，2007；Wei，Fischer，& Main，2008）。

在对成人消费者的研究中发现，消费者对社交媒体广告的总体态度和行为意向会受到多种因素的影响。通过与成人社交媒体用户的访谈,研究者揭示社交媒体广告的娱乐价值和信息价值是吸引用户对广告表现积极态度的重要原因,而且娱乐价值的影响力大约是信息价值的四倍(Taylor et al.,2011)。此外,用户自身与广告品牌之间的一致性,积极的同伴影响,以及用户之间的价值认同是影响社交媒体广告接受程度的因素。这些学者也发现,让消费者感到具有侵入性或干扰性的广告内容会令消费者产生负面的态度,尽管这种影响远远小于广告的娱乐价值或信息价值所带来的正面影响。另一方面,Dao 等人(2014)在对 Facebook 和 YouTube 社交媒体用户的研究中显示,对于社交媒体广告的产品购买意愿来说,用户对该广告的效用感知比对其娱乐和信息价值的感知所起的作用更强。由于社交媒体非常注重用户的自我展示和与他人的互动,学者建议社交媒体广告应该更好地迎合这些动机以取得所期待的广告效果。在对大学生 Facebook 用户的问卷调查中显示,用户使用社交媒体平台的动机的确对社交媒体广告的接受程度产生了影响(Chi,2011)。当用户越想通过使用社交媒体满足个人社交和娱乐需求时,他们就越倾向于接受社交媒体广告,同时也更愿意参与到社交媒体广告中。Voorvel 等人(2018)的研究也发现,用户使用社交媒体的既往体验既是促使他们使用社交媒体的主要动力,也影响到他们对社交媒体广告的态度和行为。上述结果表明,社交媒体广告对消费者不同方面的广告回应都会造成影响,其中的主要影响因素因具体的回应情境而变化。

另一方面,与成人相比,有关社交媒体广告和未成年人关系的研究非常有限且结果不明确。Kelly 等人(2010)在对青少年社交媒体用户的焦点小组和深度访谈中发现,受访者能认识到社交媒体广告的存在并清晰地意识到其存在的理由,即社交媒体需要通过承接广告来获得运转资金。这说明青少年已具备一定的社交媒体广告说服知识。

然而,受访者对社交媒体广告的接受程度却不受他们对广告的认知理解所影响。研究发现,广告与个人的相关度及广告的可信度是影响青少年对社交媒体广告接受程度的主要原因。此外,与社交媒体广告相关的负面经历、广告密集和广告干扰所引发的对广告的负面态度也是重要的影响因素。van Reijmersdal 等人(2012)通过实验揭示 7 至 12 岁儿童对广告游戏在认知和情感上回应的影响因素,其中影响最显著的是品牌显著度和游戏卷入度。虽然儿童能理解游戏的商业本质和说服本质,他们并没有使用这些说服知识作为对广告的防御。同样通过实验法,Rozendaal 等人(2013)调研了 8 至 12 岁儿童对社交游戏广告的理解和对广告所示品牌的渴望。研究揭示虽然儿童对广告销售意图的理解和对广告说服意图的理解(概念性广告说服知识)并不影响他们对品牌的渴望,但对广告的态度喜好(态度性广告说服知识)对品牌渴望有着显著的影响。

类似的结果在对社交媒体定向广告(targeted advertising)的研究中也得到了印证。定向广告包括各种基于受众信息而投放和定制的在线广告,这些信息包括受众之前的搜索和浏览行为,地理和人口统计信息,以及由受众创建的任何形式的 UGC(用户原创内容)(Hoekstra & van Doorn, 2013)。和其他广告形式相比,由于定向广告具有高度相关性,它更容易被消费者所接受和产生积极的影响。过去研究发现,定向广告对成人受众的影响机制主要是基于三种类型或层次的认知细化加工(cognitive elaboration),分别是广告喜好(低程度细化)、感知个人相关性(中度细化)和定向识别(高度细化)(Hoekstra & van Doorn, 2013; Maslowska, van den Putte, & Smit, 2011; Tam & Ho, 2006)。换句话说,它们是定向广告影响受众的中介变量,其分别或共同作用于受众对广告品牌的喜好和购买意愿

（Buijzen， et al.， 2010；SanJose-Cabezudo， Gutierrez-Arranz， & Gutierrez-Cillan，2009）。然而,不同于成人受众,研究者在对 9 到 13 岁儿童的研究后发现,儿童对定向广告的识别能力和感知个人相关性都较低。同时,只有广告喜好能解释定向广告对儿童的影响,个人相关性和定向识别并不是影响关系的中介变量（van Reijmersdal, Rozendaal, Smink, van Noort, & Buijzen, 2017）。这一结果表明,儿童无法在中度和高度细化的水平上加工定向广告信息,并且倾向于使用低细化信息作为对广告影响的防御。该结果与 Rozendaal 等人（2011）的建议一致,即当儿童对广告信息的加工处于低细化状态时,他们会较少依赖认知和情绪调节功能。在这种状态下,只需付出较少努力的态度性广告说服知识（例如广告喜好）是决定儿童广告应对策略的关键性变量。由态度所引发的正面或负面的情绪会被转移到广告或广告产品或品牌上,从而产生与情绪相对应的应对策略。

综上,社交媒体既是维系社会关系的工具,用户通过在社交媒体发布或传播内容对个人的社交关系产生影响,它也是广告主积极改变与消费者的沟通方式、说服消费者的内容传播平台,广告主运用不同的说服策略对社交媒体受众产生影响。本研究认为,社交媒体广告是儿童消费者社会化的重要工具,儿童在参与社交媒体广告的过程中逐渐培养出与消费者相关的知识、技能和态度,实现消费者社会化的过程。首先,社交媒体广告使得消费者能够直接、及时、快速地获取产品信息以做出更好的消费决策,也使得消费者能在一个公共、公开发声的平台上与品牌或其他消费者进行互动,而消费者关于品牌的互动、分享行为又反过来促进了品牌信息的传播。因此,社交媒体广告在一定程度上改变了消费者获取消费信息和做出消费决策的方式和行为。其次,社交媒体广告提供了一个虚拟的社群环境,消费者可以在参与社交媒体广告的同时建立和维护自己的虚拟社交关系网络,并通过与其他消费者的沟通,直接观察、模仿他人的消费形象和品牌参与行为,继而进一步对个人的消费态度和行为进行塑造和调整。

### (四)研究问题

在社交媒体广告向儿童传播的过程中,儿童是如何理解其广告意图并参与其中的? 儿童对社交媒体广告的理解又如何影响他们的社交媒体广告参与? 在这一社会化过程中,不同的社会化中介(例如父母和同伴)又是如何影响儿童对社交媒体广告的理解和参与的? 现有文献并没有给出清晰的答案,但这些问题的重要性不言而喻。儿童在不断变化的媒介环境中发展出对新形式广告的理解,这说明儿童的广告说服知识及其相应的技能和行为,是儿童消费者社会化的必然产物,也是我们理解儿童社会化程度的重要指标之一。认清影响儿童消费者社会化的因素,才能对儿童社会化进程的前因后果有更深入的理解。此外,这些问题的答案有助于我们认识广告在消费者社会化过程中的角色。社交媒体广告所提供的有价值的信息和全方位互动参与的机会,很可能会进一步弱化儿童消费者对其说服意图的识别和防御。从公共政策的角度来看,儿童的广告说服知识对于儿童发展出健康、合理的对广告的判断、评价和防御有着至关重要的作用;儿童对广告的理解能力及其成因,则是我们判断儿童作为社会化的消费者,其面对广告说服时所表现出的脆弱程度以及是否因此需要受到保护的关键(Eagle,2007)。这对建立健全广告法制环境和行业自我规范能提供极其重要的信息。

在接下来的章节,本研究将通过真实数据来探索性地了解9至15岁儿童的社交媒体广告说服知识、社交媒体广告参与以及广告说服知识和广告参与的关系。在本书的第二部分,我们将从社会化中介的角度探讨父母和同伴对儿童消费者社会化,即社交媒体广告说服知识的形成和广告参与所带来的影响。

# 四、研究1:研究方法

## (一)参与者和参与过程

本研究是一项由父母和儿童共同参与数据收集的、有关儿童消费者社会化的大型研究中的一部分。其中,儿童方面的数据,来自广东省广州市四所学校和浙江省杭州市四所学校的 9 至 15 岁儿童参与了本次研究。选择广州市和杭州市的学生样本作为本次研究的样本有以下几方面的原因。首先,根据 2018 年腾讯研究院发布的《中国"互联网＋"指数报告》显示,广州市和杭州市的互联网发展总指数在全国各行政区中分别位列第二位和第九位,说明这两座城市的互联网发展增速快、普及广,数字经济发展更加充分和均衡,居民的互联网使用程度和水平应在中国前列。因此,广州市和杭州市的少年儿童更有可能在成长早期就接触到互联网和使用网络社交媒体。其次,两市各中小学在过去几年中积极响应"互联网＋"教育的号召,鼓励学生充分利用互联网技术和资源共享技术,创造更多个性化学习和发展机会,学生需要在日常学习生活中充分接触互联网并拥有更多独立上网的机会。例如,广州市教育局基于腾讯微校和腾讯乐享平台,在 2020 年初正式上线广州智慧教育公共服务平台。通过该平台在线学习模式,全市上百万中小学生可足不出户就享受到优质教育资源。杭州市则背靠阿里巴巴,社交软件"钉钉"已成为大量中小学校务管理、创新教育和家长沟通的标配。因此,两市的少年儿童在互联网社会化程度上相对较高。因为儿童在互联网和社交媒体使用方面的迅速增长是全国乃至全球的普遍现象,这一现象也得到了全世界相关领域学者的密切关注,本研究的发现能为这一议题的研究进展提供有价值的洞察。本研究的学生样本来自于广州市和杭州市不同区域的学校,每个学校的样本来源不超过三个班级。虽然样本不是基于随机抽样而得,但是在选择上代表了不同的区域,以保证样本能在某种程度上提供一个较为广泛的社会经济和人口心理特征。

　　本研究使用调查问卷法。研究者对调查问卷进行实地发放和回收,具体流程如下:取得联系学校的许可后,研究者在预先计划的调查日前,向学生家长发放并获得研究参与同意书;在调查日,研究者直接到每个班级向学生说明本次调查问卷的基本内容,并再次从学生处获得参与同意书;研究者通读问卷问题,并向学生口头解释该问卷所涉及的重要概念;学生在填写问卷过程中遇到任何理解上的问题,研究者都及时予以解释。样本完成问卷的平均时间为30分钟。

## (二)研究设计

　　调查问卷的开头对问卷内容所涉及的几个重要概念(例如"社交媒体")进行了界定和解释。这是因为少年儿童可能对"社交媒体"这一概念的内涵和外延存在多种理解,比如理解的外延过窄(将社交媒体直接理解为网络即时通信工具)或过宽(将网上购物网站都理解为社交媒体),从而影响问卷结果的测量效度。此外,不论是在文献中还是在日常生活里,对于"社交媒体"的表述也可能存在不同的方式(例如"社交网络""社交网站"),落实到具体的网络应用上也存在不同的呈现形式(例如"QQ""新浪微博"等)。因此,本研究根据 Gavilanes 等人(2018)的提议,将"社交媒体"和"社交网络"在当前研究中规整为统一的概念。同时考虑到儿童抽象认知能力较弱,在概念和问题名词解释上也充分例举,并用儿童能理解的语言表述,例如,"当你在问卷中看到'社交媒体'或'社交网站'时,你可以理解成你平常使用的微信、微博(新浪微博、腾讯微博)、QQ、豆瓣小组等","当你看到'消息'时,你可以理解成这是一则发布在'社交媒体'上的文字或带有文字的图片、视频、音频等","当你看到'App/应用程序'时,你可以理解成手机主页上的方块形程序,比如常用的微信、微博、美图秀秀、天气预报、地图等"。上述解释有助于少年儿童通过回忆实际使用场景而对较为陌生的概念或问题名词有更充分、直观和形象的理解。在样本填写问卷的过程中,研究者全程监督,并对样本提出的任何问题予以及时、客观的解答。

问卷测量了社交媒体广告说服知识、品牌购买意愿以及社交媒体广告的品牌参与。此外还测量了网络和社交媒体使用情况,数字素养、社交媒体广告总体态度以及人口统计学变量,这些变量主要作为随后统计分析中的控制变量。

### (三)问题测量

社交媒体广告说服知识。根据 Gavilanes 等人(2018)对企业推出的社交媒体广告的概念化分类,本研究向调查者依次展示了七大类型的社交媒体广告,分别是(1)新产品发布,(2)现有产品展示,(3)抽奖活动,(4)优惠促销活动,(5)以参加挑战活动的方式征求产品反馈,(6)产品相关的娱乐资讯,以及(7)公司品牌发展信息。为了让产品更贴近受访者消费特征、广告看起来更真实且符合社交媒体广告特性,本研究选择了目标受众主要为少年儿童的品牌和产品作为广告展示的品牌和产品，选择了新浪微博作为社交媒体广告的平台。

在每一次广告展示后（即针对每一类型的广告），受试者被调研了以下三方面的广告说服知识。概念性广告说服知识包括：（1）广告识别，（2）广告来源识别，（3）广告目的理解，（4）广告销售意图理解，以及（5）广告说服意图理解。态度性广告说服知识包括：（1）广告怀疑，（2）广告反感。此外还测量了伦理性广告说服知识。

具体而言，广告识别询问了受试者是否认为所展示的内容是广告。答题选项为从"1 是的，我确定是"，"2 是的，我觉得应该是"，"3 不，我觉得应该不是"到"4 不，我确定不是"四级量表。销售意图理解的测量使用了三个问句题项，包括所展示的内容是否为了让你购买产品，是否为了让你向父母提出购买产品，以及是否为了让你用自己的零花钱购买产品。答题选项同样为"1 是的，我确定是"到"4 不，我确定不是"的四级量表。说服意图理解的测量则包含了三个问句题项，分别是"所展示的内容的目的是让你想要该产品"，是"让你对该产品有好的看法"，以及"是让你对该产品有积极的感受"。答题选项同上。

广告来源识别询问受试者是谁把所展示的内容发布在所示社交媒体（新浪微博）上，选项有"微博工作人员""编写这份问卷的人""制造该产品的公司""所示内容里的人物/角色"以及"其他"五项。广告目的询问了受试者为什么要把所展示的内容发布在所示社交媒体上，选项包含"因为这样我就能看到好玩的产品""因为这样我就会喜欢所展示的产品""因为这样我就会觉得很开心"以及"我不知道"四项。广告怀疑的测量使用了三个陈述句题项，包括"所展示内容是可信的""所展示内容说的是真话"，以及"所展示内容值得信任"。受试者被要求在一个李克特五点量表上（从"1 完全不同意"到"5 完全同意"）对每个题项同意或不同意的程度进行打分。广告反感的测量也使用了三个陈述句题项，内容包括"认为所展示的内容好""喜欢所展示的内容"，以及"认为所展示的内容提供了有用的信息"。答题选项同以上李克特五点量表。最后，伦理性广告说服知识，即广告伦理态度的测量包含了四个陈述句题项，即"认为在社交媒体上发布所展示的内容是合理的"，"所展示的内容是公正没有偏见的"，"所展示的内容是合乎道德的"，以及"所展示的内容提倡了物质主义观念（反向编码）"。答题选项也同以上李克特五点量表。以上关于概念性广告说服知识、态度性广告说服知识和伦理性广告说服知识的量表均改编自现有文献的成熟量表（Hudders, Cauberghe, & Panic, 2016；Obermiller & Spangenberg, 1998；Rozendaal et al. , 2013；Rozendaal, Opree, & Buijzen, 2016；Vanwesenbeeck, Walrave, & Ponnet, 2016）。

在每一次广告展示后，受试者还被测量了品牌购买意愿。受试者被问及在看了所展示的内容后，她是否会想要购买所示品牌的产品。答题选项为"1 是，我绝对会想要"，"2 是，我觉得我会想要"，"3 不确定是否想要"，"4 不，我觉得我不会想要"到"5 不，我绝对不会想要"的五级量表。

社交媒体广告的品牌参与。本研究以 Gavilanes 等人（2018）所提出的四阶段模型作为儿童消费者社交媒体品牌参与的基本测量模型。四个阶段由参与程度从低到高分别为中立消费阶段、积极过滤阶段、认知和情感加工阶段以及品牌支持阶段。概念化的模型需要通过操作化定义得以测量和量化分析。Gavilanes 等人使用了 Facebook 自身的广告效果度量作为不同层次参与程度的测量，例如用"点击"（打开、隐藏、关闭）测量中立消费，用"点赞"测量积极过滤，用"评论"测量认知和情感加工，用"分享"测量品牌支持。这些学者认为，上述行为数据是衡量社交媒体广告参与程度的可靠指标。例如点击一条品牌微博说明消费者在过滤广告、感知广告、注意广告或对广告感兴趣；点赞一条品牌微博说明消费者对其抱有积极的态度，并因此会增加信息的认知和情感加工；更高层次的信息加工则会导向更高程度的参与，例如用户生成内容（评论）；同理，分享则说明用户不仅以积极的态度加工输入的信息，还认同了品牌及其内容，并愿意通过自己的社交主页发出声援和/或推荐该品牌给其他的用户。

如前文所述，本研究将社交媒体广告的品牌参与定义为消费者通过与社交媒体上的品牌的互动而表达出来的在认知上和情感上的态度和行为，它是消费者在面对社交媒体广告时所获得的所有体验的总和。根据该定义的内涵，Gavilanes 等人所使用的行为数据在某种程度上虽然能作为消费者心理体验的替代指标，用行为数据替代心理数据，其测量准确性毕竟是间接而模糊的，也因此其测量效度是有限的。本研究对于社交媒体广告品牌参与的操作化定义基于心理测量。在 Gavilanes 等人（2018）对四阶段模型概念化定义的基础上，结合 Pentina，Guilloux 和 Micu（2018）在研究中所揭示的消费者社交媒体广告参与的十一种行为，本研究改编和拓展了对该模型的测量。具体测量题项如下。

**中立消费阶段**　该阶段主要指消费者通过社交媒体所提供的功能来主动消费广告，以此表达对广告或品牌的感知、注意和潜在兴趣。广告自然曝光而导致的消费者被动感知和注意不属于该阶段范畴，因为自然曝光是单向传播，缺乏互动，因此不符合"参与"的定义。该阶段的题项首先包括了 Gavilanes 等人（2018）提出的"点击广告（包括打开广告、隐藏广告和关闭广告）"。此外，本研究认为，因感知、注意和兴趣而消费社交媒体广告的行为不应该只有点击广告这一项，其还应包括因这些原因消费广告而产生的其他关联行为,例如因消费广告而允许公开实时定位,填写个人联系信息,填写消费信息等。因此,在该阶段还添加了以下五个选项,"因广告填写个人联系信息(如手机号码)","因广告填写个人购买喜好的信息(如品牌喜好)","允许 App/应用程序授权(例如授权与手机其他 App/应用程序进行账号共享","允许公开实时定位或地址信息",以及"允许使用定位信息以让对方推荐更合适的产品或服务"。

**积极过滤阶段** 该阶段主要指消费者通过社交媒体上的功能(例如点赞)来表达对广告或品牌的情感倾向,它表达的是消费者对广告或品牌的情感投资。因此,本研究认为,该阶段除了 Gavilanes 等人(2018)所测量的"点赞"社交媒体广告外,还应包括对与广告相关的品牌主页或公众号怀有积极的情感认同。因此,该阶段包含了以下三个选项,"关注广告或与广告相关的社交媒体品牌主页、官方微博或品牌公众号","点赞广告或与广告相关的社交媒体品牌主页、官方微博或品牌公众号",以及"收藏广告或与广告相关的社交媒体品牌主页、官方微博或品牌公众号"。

**认知和情感加工阶段** 该阶段指消费者建立在情感之上的对广告或品牌在内容上的投入,例如用评论来表达对社交媒体广告的立场,撰写评论和发表评论。这一阶段会比点赞一条广告花费更多的时间、努力和认知加工,它表达了消费者在有限的品牌环境里自己创作与品牌相关的内容。鉴于此,本研究认为,单纯量化"评论"的数量或频次不足以反映这一阶段消费者"参与"的内涵,它还应该包括评论的具体内容,包括表达广告或品牌喜好,和其他用户讨论广告或品牌等。此外,越来越多的品牌在发起抽奖活动时会鼓励消费者给广告或品牌留言或发表评论,以及在发起营销活动时鼓励消费者上传个人照片或视频等自创内容,因此本研究认为,消费者参与品牌发起的抽奖活动,以及因营销活动上传个人照片或视频也是该阶段的重要参与行为。综上,该阶段包含以下七个题项:"在评论广告或品牌时提及个人信息","在评论广告或品牌时提及个人品牌或产品喜好","在评论广告或品牌时和其他人讨论","在评论广告或品牌时向其他人发送图片或视频","在评论广告或品牌时说品牌或产品的八卦","参与广告或品牌发起的抽奖活动",以及"因参与营销或促销活动上传个人照片或视频"。

**品牌支持阶段** 该阶段指消费者发表与品牌相关的内容以让其他人来消费内容或参与,例如转发或分享一条品牌相关微博。这意味着消费者愿意为品牌贡献出自己的社交媒体空间和联系人,并公开对品牌的情感诉求。因此,这一阶段表达了消费者在拥护(也有可能是抵制)品牌上所扮演的积极角色,以及消费者本人作为可靠的信源在信息分发过程中为品牌再次创造价值。因此,该阶段既包括发表或分享品牌相关内容的行为,也应当包括发表或分享的具体内容。本研究在该阶段包含了以下八个题项:"主动转发广告或品牌内容","在个人的社交媒体账号发布与品牌相关的文字、照片或视频内容","请求他人点赞或评论自己发布的与品牌相关的文字、照片或视频内容","在个人的社交媒体好友圈中主动发起有关品牌的讨论","在个人的社交媒体账号中使用多种媒体形式(如声音、图片、视频等)发表与品牌相关的购物经历","参与品牌购买经验和使用经验的分享活动","分享自己对产品的创新使用方式(例如新奇有趣的使用方式)",以及"分享品牌或产品的消费记录"。

在问卷中,以上每一阶段均以"在过去的一年内,你在使用社交媒体时有多常参与了以下行为"作为提问,并列出了该阶段的题项。每

一题项均以"从不""很少""有时""经常"和"总是"五点量表作为答题
选择。

社交媒体广告总体态度。受访者被提问:"对于社交媒体广告,你
是否同意以下说法?"列出的四个题项分别为"总的来说,我认为社交
媒体广告是好的","总的来说,我喜欢社交媒体广告","我认为社交媒
体广告是必要的",以及"我对社交媒体广告的总体态度是积极的"。
以上题项借鉴和改编自 Muehling(1987)和 Summers、Smith 和
Reczek(2016)。

网络和社交媒体使用情况。本研究对儿童的网络使用场所、设
备、上网频率、时长以及常用社交媒体进行了测量。上网场所:受访者
被问及最近一个月在哪些场所上过网(多选题),选项包括学校、家中
客厅(或家中其他公共位置)、朋友家中、自己的卧室(或家中其他属于
私人的空间)、网吧、公共图书馆或其他公共场所以及其他场所。上网
设备:受访者被问及最近一个月使用过哪些设备上网(多选题),选项
包括公用笔记本电脑、个人笔记本电脑、数字电视、个人手机、父母的
手机、朋友的手机、电子游戏机以及其他设备(如 iPad,iWatch)。以上
问题借鉴并改编自 Livingstone 等人(2011)的研究。上网频率:改编
自 Büchi,Just 和 Latzer(2016)。受访者被问及最近一个月的上网频
率是:每天一次或几乎每天一次,一周多次,一个月多次,还是很少。
上网时长:受访者被问及最近一个月每次上网大约平均花费多少时
间,选项为不超过 20 分钟,大于 20 分钟但不超过 40 分钟,大于 40 分
钟但不超过 1 小时,大于 1 小时但不超过 1 个半小时,以及大于 1 个
半小时。受访者还被问及常用社交媒体:根据《2016 年中国社交应用
用户行为研究报告》中对中国网民常用社交媒体的统计,该题选项(多
选)为微信、微博、QQ、知乎、豆瓣以及其他。此外,受访者被问及最近

一个月的社交媒体使用频率和平均每次社交媒体使用时长。答题选项同前文的上网频率和上网时长。

数字素养。测量题项借鉴和改编自 Rodríguez-de-Dios，van Oosten 和 Igartua（2018）。数字素养主要包含以下 6 方面共 28 项题项，分别为：（1）技术能力——"我知道如何收藏喜爱的网站以便日后浏览"，"我一直都知道如何下载并保存我从网上找到的图片"，"我知道如何下载从网上找到的信息"，"无论我在哪或使用何种设备，我都知道如何连接 Wi-Fi"，"我知道如何使用快捷键（例如 CTRL＋C 或 Command＋C 是复制）"，"我不喜欢在手机上下载 App，因为我觉得要学习使用手机 App 有点难"（反向编码），以及"如果我想在电脑里装新软件，而我又不知道如何装的话，我会寻求他人的帮助"（反向编码）；（2）个人安全能力——"我知道如何关闭显示地理位置的功能（例如微博，App）"，"我知道在哪种情况下我可以在网上发布他人的照片和视频"，"我知道如何在社交媒体上使用'举报'不当行为的功能（例如有人未经我的允许使用我的照片）"，以及"我知道如何修改社交媒体的分享权限以选择我的哪些内容他人可见（例如，只对好友可见）"；（3）批判能力——"我知道如何比较不同的信息来源以判断信息是否真实"，"我知道如何判断我从网上找到的信息是否可靠"，"我知道如何识别发布信息的作者并评价该作者是否可靠"，"我知道如何比较不同的 App 以选择哪一个最安全可靠"，以及"如果我在网上遇到某个人，我知道如何核实他或她的个人信息是否真实"；（4）设备安全能力——"我使用软件来检测和清理网络病毒"，"我知道如何在我的电子设备上查杀病毒"，"我知道如何屏蔽不需要的邮件或垃圾邮件"，以及"当我在使用一个电子设备（例如电脑、手机等）时出现问题，我通常知道是什么原因以及如何解决这个问题"；（5）信息能力——"我觉得使用哪些关键词来搜索信息有点难"（反向编码），"很多网页的设计方式让我觉得晕头转向"（反向编码），"有时候我难以确定网上的信息对我来说有多大的用处"（反向编码），"当我在网上搜索信息时我会感到厌倦"，以及"有时候我也不知道为什么就打开了某个网页"；以及（6）沟通能力——"根据我想要沟通的对象，最好使用一种最适宜的沟通方式而不是其他方式（例如打电话，发微信，发邮件，等等）"，"我知道如何使用智能手机向他人发送任何类型的文件"，以及"无论我和谁沟通，表情包总是很有用"（反向编码）。答题选项为"1 非常不同意"到"5 非常同意"的李克特五点量表。

人口统计学变量。本研究测量了受试者的性别（男／女），年龄（出生日期）和在读年级。

# 五、研究 1:研究发现

## (一)样本特征

本研究共回收 915 份有效问卷,其中包括 376(41.2%)名男性样本和 538(58.8%)名女性样本。样本性别和年龄的具体分布见表 1。由表 1 可见,样本在年龄分布上较为均衡,说明样本在之后的分析中适合做年龄间的比较。

表 1　样本性别和年龄分布　　　　　　　　　　　　　　(%)

| 性别 | 年龄 | | | | | | | |
|---|---|---|---|---|---|---|---|---|
| | 9 | 10 | 11 | 12 | 13 | 14 | 15 | 合计 |
| 男 | 16.7 | 15.9 | 13.3 | 15.9 | 8.5 | 11.9 | 17.8 | 100 |
| 女 | 10.0 | 14.9 | 13.6 | 14.9 | 17.8 | 19.0 | 10.4 | 100 |
| 合计 | 12.8 | 15.3 | 13.1 | 15.3 | 14.0 | 16.1 | 13.4 | 100 |

在最近一个月中,样本最常使用的上网场所是家中客厅(或家中其他公共位置)(63.1%)和自己的卧室(或家中其他私人空间)(62.1%),其次是朋友家中(17.6%)、学校(13.9%)、公共图书馆或其他公共场所(12.9%)和其他场所(12.4%),使用网吧的样本最少(1.4%)。这说明电脑和网络在样本的家庭或私人空间里普及率较高。通过比较不同年龄儿童的上网场所发现(见表 2),年龄越大的儿

童在家上网的机会越多,在朋友家和公共图书馆等公共场所上网的机会也较多;而年龄较小的儿童上网场所比较分散。这说明随着儿童年龄的增长和外界对上网需求的增加(例如课程要求儿童上网查找资料,师生间使用网络沟通的频率增多),家长会有意识地在家庭中为孩子建立独立的上网空间,儿童也越来越拥有私密的上网空间。此外,从性别来看,女童较男童更少在朋友家中或其他未提及场所上网,且年龄越小差异越明显。同时,15岁以下的女童比男童更有可能在学校或公共图书馆等场所上网。

表 2　不同年龄的样本使用不同场所上网的概率　　　　(%)

| 场所 | 性别 | 年龄 | | | | | | |
|---|---|---|---|---|---|---|---|---|
| | | 9 | 10 | 11 | 12 | 13 | 14 | 15 |
| 家中客厅(或家中其他公共空间) | 男 | 28.6 | 50.0 | 60.0 | 57.1 | 68.8 | 93.3 | 83.6 |
| | 女 | 16.7 | 43.8 | 50.0 | 90.0 | 85.4 | 76.5 | 64.3 |
| | 合计 | 23.1 | 46.4 | 54.2 | 76.5 | 81.3 | 81.6 | 74.8 |
| 自己的卧室(或家中其他私人空间) | 男 | 28.6 | 58.3 | 40.0 | 53.3 | 68.8 | 73.3 | 86.4 |
| | 女 | 33.3 | 56.3 | 71.4 | 45.0 | 72.9 | 88.2 | 75.0 |
| | 合计 | 30.8 | 57.1 | 58.3 | 48.6 | 71.9 | 83.7 | 81.1 |
| 朋友家中 | 男 | 28.6 | 8.3 | 10.0 | 33.3 | 25.0 | 13.3 | 41.8 |
| | 女 | 0 | 6.3 | 7.1 | 20.0 | 18.8 | 17.6 | 16.1 |
| | 合计 | 15.5 | 7.1 | 8.3 | 25.7 | 20.3 | 16.3 | 30.1 |
| 学校 | 男 | 0 | 8.3 | 0 | 20.0 | 12.5 | 6.7 | 26.9 |
| | 女 | 33.3 | 18.8 | 0 | 15.0 | 14.6 | 23.5 | 3.6 |
| | 合计 | 15.4 | 14.3 | 0 | 17.1 | 14.1 | 18.4 | 16.3 |
| 公共图书馆或其他公共场所 | 男 | 0 | 0 | 0 | 13.3 | 6.3 | 20.0 | 40.3 |
| | 女 | 16.7 | 0 | 0 | 5.0 | 18.8 | 29.4 | 19.6 |
| | 合计 | 7.7 | 0 | 0 | 8.6 | 15.6 | 26.5 | 30.9 |

续表

| 场所 | 性别 | 年龄 | | | | | | |
|---|---|---|---|---|---|---|---|---|
| | | 9 | 10 | 11 | 12 | 13 | 14 | 15 |
| 网吧 | 男 | 0 | 0 | 0 | 6.7 | 12.5 | 0 | 1.5 |
| | 女 | 0 | 0 | 0 | 5.0 | 0 | 0 | 0.7 |
| | 合计 | 0 | 0 | 0 | 5.7 | 3.1 | 0 | 0.8 |
| 其他场所 | 男 | 42.9 | 16.7 | 10.0 | 0 | 6.3 | 6.7 | 26.9 |
| | 女 | 0 | 12.5 | 0 | 5.0 | 4.2 | 11.8 | 0 |
| | 合计 | 23.1 | 14.3 | 4.2 | 2.9 | 4.7 | 10.2 | 16.7 |

在最近一个月中,样本平均使用过 2 种上网设备($M=1.92, SD=1.05$),说明使用的设备比较单一。其中,使用最多的上网设备是个人手机(56.2%)和父母的手机(48.0%),其次是个人笔记本电脑(22.6%)、其他设备(如 iPad, iWatch)(22.0%)、数字电视(15.6%)、公用笔记本电脑(14.1%)和电子游戏机(9.1%),有一小部分样本表示使用过朋友的手机(4.3%)。可见智能手机已成为当代儿童网络生活中最重要的上网工具。通过比较不同年龄儿童的上网设备发现(见表3),随着儿童年龄的增长,儿童拥有和使用个人手机上网的机会大大提高,并逐渐替代父母的手机;同时,使用个人笔记本电脑、其他电子设备(如 iPad, iWatch)和数字电视上网的频率也逐步上升。这说明家长为儿童上网给予了更多方便,且赋予了更多的自主性。同时结果也显示,男童和女童在使用某些上网设备方面也有一定的差别,例如男童整体上更有可能使用电子游戏机上网,这与男女童的兴趣爱好不无关系。

在最近的一个月中,24.9%的样本表示自己每天或几乎每天都能上一次网,28.5%的样本表示自己的上网频率是一周多次,13.6%的样本表示自己一个月只能上几次网,而表示很少上网的样本有近 1/3

表 3　不同年龄的样本使用不同设备上网的概率　　　（%）

| 设备 | 性别 | 年龄 | | | | | | |
|---|---|---|---|---|---|---|---|---|
| | | 9 | 10 | 11 | 12 | 13 | 14 | 15 |
| 个人手机 | 男 | 14.3 | 41.7 | 30.0 | 26.7 | 87.5 | 73.3 | 59.7 |
| | 女 | 33.3 | 43.8 | 50.0 | 50.0 | 85.4 | 85.3 | 91.1 |
| | 合计 | 23.1 | 42.9 | 41.7 | 40.0 | 85.9 | 81.6 | 74.0 |
| 父母的手机 | 男 | 57.1 | 41.7 | 60.0 | 66.7 | 43.8 | 53.3 | 41.8 |
| | 女 | 33.3 | 43.8 | 64.3 | 60.0 | 47.9 | 35.3 | 25.0 |
| | 合计 | 46.2 | 42.9 | 62.5 | 62.9 | 46.9 | 40.8 | 34.1 |
| 其他设备（如 iPad, iWatch) | 男 | 0 | 25.0 | 10.0 | 33.3 | 43.8 | 20.0 | 41.8 |
| | 女 | 0 | 18.8 | 14.3 | 15.0 | 16.7 | 26.5 | 53.6 |
| | 合计 | 0 | 21.4 | 12.5 | 22.9 | 23.4 | 24.5 | 47.2 |
| 个人笔记本电脑 | 男 | 14.3 | 8.3 | 20.0 | 20.0 | 25.0 | 20.0 | 43.3 |
| | 女 | 16.7 | 12.5 | 7.1 | 25.0 | 43.8 | 29.4 | 16.4 |
| | 合计 | 15.4 | 10.7 | 12.5 | 22.9 | 39.1 | 26.5 | 31.1 |
| 数字电视 | 男 | 28.6 | 0 | | 20.0 | 12.5 | 46.7 | 13.4 |
| | 女 | 0 | 6.3 | 14.3 | 10.0 | 27.1 | 17.6 | 21.4 |
| | 合计 | 15.4 | 3.6 | 8.3 | 14.3 | 23.4 | 26.5 | 17.1 |
| 公用笔记本电脑 | 男 | 0 | 8.3 | 0 | 26.7 | 12.5 | 13.3 | 13.4 |
| | 女 | 16.7 | 37.5 | 0 | 10.0 | 16.7 | 14.7 | 20.0 |
| | 合计 | 7.7 | 25.0 | 0 | 17.1 | 15.6 | 14.3 | 16.4 |
| 电子游戏机 | 男 | 42.9 | 25.0 | 10.0 | 0 | 6.3 | 6.7 | 13.4 |
| | 女 | 0 | 18.8 | 0 | 5.0 | 0 | 2.9 | 0 |
| | 合计 | 23.1 | 21.4 | 4.2 | 2.9 | 1.6 | 4.1 | 7.3 |
| 朋友的手机 | 男 | 14.3 | 0 | 0 | 6.7 | 0 | 0 | 0 |
| | 女 | 0 | 6.3 | 7.1 | 0 | 6.3 | 5.9 | 0 |
| | 合计 | 7.7 | 3.6 | 4.2 | 5.7 | 4.7 | 4.1 | 0 |

(33.0%)。很少上网的原因可能是缺少便利的上网工具或上网空间，亦或是家长管教严格。在对上网场所、上网设备和上网频率的交叉分析后发现：在不曾在家中上网的样本(共计 101 人)中，有66.3%表示一个月内很少上网，而在家中客厅(或家中其他公共位置)或自己的卧室(或家中其他私人空间)上过网的样本(共计 810 人)中，表示自己很少上网的也有 29.0%。同样，在不具备私人手机和父母手机等上网设备的样本(共计 153 人)中，表示一个月内很少上网的占 43.1%，而使用过私人手机或父母手机上网的样本(共计 762 人)中，表示很少上网的也达到了 31.0%。这说明缺乏便利的上网空间或上网工具是儿童很少上网的主要原因。此外，家长对子女的上网频率也有较为严格的限制。针对性别作为自变量的卡方检验显示，男童和女童在上网频率上有一定的差异，$X^2(3, N=915)=23.21$，$p<0.001$。有 1/3 以上的女童表示很少上网，而 1/3 以上的男童表示他们一周可以上网多次(见表 4)。针对年龄作为自变量的卡方检验显示，不同年龄儿童的上网频率也存在一定的差异，$X^2(18, N=915)=131.47$，$p<0.001$。随着年龄增长，儿童明显拥有越来越多的上网机会(见表 5)。

表 4　样本性别和上网频率分布　　　　　　　　(%)

| 性别 | 上网频率 | | | | |
|---|---|---|---|---|---|
| | 每天一次或几乎每天一次 | 一周多次 | 一个月多次 | 很少 | 合计 |
| 男 | 23.1 | 33.4 | 17.5 | 26.0 | 100 |
| 女 | 26.2 | 25.1 | 10.8 | 37.9 | 100 |
| 合计 | 24.9 | 28.5 | 13.6 | 33.0 | 100 |

表 5　样本年龄和上网频率分布　　　　　　（%）

| 年龄 | 上网频率 | | | | |
|---|---|---|---|---|---|
| | 每天一次或几乎每天一次 | 一周多次 | 一个月多次 | 很少 | 合计 |
| 9 | 7.7 | 23.1 | 15.4 | 53.8 | 100 |
| 10 | 21.4 | 17.9 | 7.1 | 53.6 | 100 |
| 11 | 20.8 | 29.2 | 20.8 | 29.2 | 100 |
| 12 | 20.0 | 25.7 | 14.3 | 40.0 | 100 |
| 13 | 23.4 | 35.9 | 18.8 | 21.9 | 100 |
| 14 | 38.8 | 30.6 | 10.2 | 20.4 | 100 |
| 15 | 39.8 | 38.2 | 9.8 | 12.2 | 100 |
| 合计 | 24.9 | 28.5 | 13.6 | 33.0 | 100 |

在最近一个月中,样本的每次上网时长集中在 1 小时内(不超过 20 分钟占 23.8%,大于 20 分钟但不超过 40 分钟占 26.4%,大于 40 分钟但不超过 1 小时占 23.7%),也有 26.1% 的儿童每次上网时间超过 1 小时。总的看来,儿童的每次上网时间受到了一定的限制。从性别来看(见表 6),女童整体比男童上网时间要短,$X^2(4, N=915)=27.31, p<0.001$;从年龄来看(见表 7),不同年龄儿童的每次上网时间有一定差异,$X^2(24, N=915)=104.02, p<0.001$。年龄较小的儿童整体上网时间较短;虽然随着年龄的增长,儿童每次上网时间增多,但伴随着学业压力的增加,大多数面临小升初的儿童和初中儿童并没有因此被允许过分延长上网时间。

样本最常使用的社交媒体是 QQ(67.8%)和微信(61.4%),使用微博(14.4%)的样本较少,也有部分样本使用知乎(3.8%)和豆瓣(3.0%),另有 17.7% 的儿童表示使用过其他社交媒体。从表 8 可以看出,超过一半的样本在 9 岁就开始用微信,而儿童到 11 岁时才开始广泛使用 QQ;在儿童中不太热门的社交媒体,其使用频率则随着儿童年龄的增长而有所提高。

表6　样本性别和每次上网时长分布　　　（%）

| 性别 | 每次上网时长 | | | | | |
| --- | --- | --- | --- | --- | --- | --- |
| | 不超过20分钟 | 大于20分钟但不超过40分钟 | 大于40分钟但不超过1小时 | 大于1小时但不超过1.5小时 | 大于1.5小时 | 合计 |
| 男 | 20.4 | 24.9 | 24.1 | 13.0 | 17.5 | 100 |
| 女 | 26.2 | 27.5 | 23.4 | 16.0 | 6.9 | 100 |
| 均值 | 23.8 | 26.4 | 23.7 | 14.8 | 11.3 | 100 |

表7　样本年龄和每次上网时长分布　　　（%）

| 年龄 | 每次上网时长 | | | | | |
| --- | --- | --- | --- | --- | --- | --- |
| | 不超过20分钟 | 大于20分钟但不超过40分钟 | 大于40分钟但不超过1小时 | 大于1小时但不超过1.5小时 | 大于1.5小时 | 合计 |
| 9 | 30.8 | 23.1 | 23.1 | 0 | 23.1 | 100 |
| 10 | 35.7 | 21.4 | 10.7 | 17.9 | 14.3 | 100 |
| 11 | 29.2 | 33.3 | 25.0 | 8.3 | 4.2 | 100 |
| 12 | 22.9 | 25.7 | 22.9 | 20.0 | 8.6 | 100 |
| 13 | 23.4 | 25.0 | 20.3 | 20.3 | 10.9 | 100 |
| 14 | 16.3 | 24.5 | 32.7 | 18.4 | 8.2 | 100 |
| 15 | 8.9 | 33.3 | 31.7 | 15.4 | 10.6 | 100 |
| 均值 | 23.8 | 26.4 | 23.7 | 14.8 | 11.3 | 100 |

在社交媒体的使用频率方面,26.4%的样本每天或几乎每天使用一次,27.2%的样本一周使用多次,13.3%的样本一个月使用几次,而有1/3(33.0%)的样本表示很少使用。样本的社交媒体使用频率分布(百分比)非常接近样本的上网频率分布,说明样本在上网时大都会使用社交媒体。此外,男童和女童在使用社交媒体的频率上有一定的

差异，$X^2(3, N=915)=25.28, p<0.001$（见表 9），有 1/3 以上的女童表示很少使用社交媒体，而 1/3 以上的男童表示他们一周可以使用多次，这些频率分布也接近于男童和女童在上网频率方面的分布。从年龄上看，不同年龄儿童的社交媒体使用频率差异显著，$X^2(18, N=915)=183.15, p<0.001$（见表 10），年龄的增长给儿童带来更多的使用社交媒体的机会。

表 8　不同年龄的样本使用不同社交媒体的概率　　　　　（%）

| 社交媒体 | | 年龄 | | | | | | |
|---|---|---|---|---|---|---|---|---|
| | | 9 | 10 | 11 | 12 | 13 | 14 | 15 |
| QQ | 男 | 14.3 | 25.0 | 70.0 | 73.3 | 93.8 | 93.3 | 98.5 |
| | 女 | 16.7 | 37.5 | 78.6 | 80.0 | 87.5 | 82.4 | 96.4 |
| | 均值 | 15.4 | 32.1 | 75.0 | 77.1 | 89.1 | 85.7 | 97.5 |
| 微信 | 男 | 57.1 | 66.7 | 40.0 | 53.3 | 43.8 | 53.3 | 55.2 |
| | 女 | 50.0 | 56.3 | 85.7 | 65.0 | 70.8 | 73.5 | 57.1 |
| | 均值 | 53.8 | 60.7 | 66.7 | 60.0 | 64.1 | 67.3 | 56.1 |
| 微博 | 男 | 0 | 8.3 | 0 | 6.7 | 12.5 | 20.0 | 13.4 |
| | 女 | 16.7 | 6.3 | 0 | 20.0 | 39.6 | 23.5 | 16.4 |
| | 均值 | 7.7 | 7.1 | 0 | 14.3 | 32.8 | 22.4 | 14.8 |
| 知乎 | 男 | 0 | 8.3 | 0 | 0 | 12.5 | 6.7 | 13.4 |
| | 女 | 0 | 0 | 0 | 5.0 | 4.2 | 5.9 | 0 |
| | 均值 | 0 | 3.6 | 0 | 2.9 | 6.3 | 6.1 | 7.4 |
| 豆瓣 | 男 | 14.3 | 0 | 0 | 0 | 0 | 6.7 | 14.3 |
| | 女 | 0 | 0 | 0 | 5.0 | 2.1 | 0 | 0 |
| | 均值 | 7.7 | 0 | 0 | 2.9 | 1.6 | 2.0 | 7.4 |
| 其他 | 男 | 14.3 | 16.7 | 0 | 13.3 | 25.0 | 6.7 | 28.4 |
| | 女 | 16.7 | 31.3 | 14.3 | 30.0 | 14.6 | 20.6 | 3.6 |
| | 均值 | 15.4 | 25.0 | 8.3 | 22.9 | 17.2 | 16.3 | 17.1 |

表9 样本性别和社交媒体使用频率分布 （％）

| 性别 | 上网频率 | | | | |
|---|---|---|---|---|---|
| | 每天一次或几乎每天一次 | 一周多次 | 一个月多次 | 很少 | 合计 |
| 男 | 24.7 | 35.5 | 13.3 | 26.5 | 100 |
| 女 | 27.7 | 21.4 | 13.4 | 37.5 | 100 |
| 均值 | 26.4 | 27.2 | 13.3 | 33.0 | 100 |

表10 样本年龄和社交媒体使用频率分布 （％）

| 年龄 | 上网频率 | | | | |
|---|---|---|---|---|---|
| | 每天一次或几乎每天一次 | 一周多次 | 一个月多次 | 很少 | 合计 |
| 9 | 7.7 | 30.8 | 7.7 | 53.8 | 100 |
| 10 | 21.4 | 14.3 | 7.1 | 57.1 | 100 |
| 11 | 12.5 | 29.2 | 16.7 | 41.7 | 100 |
| 12 | 20.0 | 25.7 | 20.0 | 34.3 | 100 |
| 13 | 28.1 | 34.4 | 15.6 | 21.9 | 100 |
| 14 | 44.9 | 32.7 | 16.3 | 6.1 | 100 |
| 15 | 47.2 | 24.4 | 8.9 | 19.5 | 100 |
| 均值 | 26.4 | 27.2 | 13.3 | 33.0 | 100 |

在社交媒体使用时长方面,大部分样本的每次使用时长集中在40分钟内(不超过20分钟占49.2％,大于20分钟但不超过40分钟占23.8％),有13.3％的样本使用时长介于40分钟和1小时之间,仅13.7％的样本每次使用时长超过1小时。通过比较样本的每次社交媒体使用时长和样本的每次上网时长,说明社交媒体并没有占据儿童的全部上网时间。

从性别上看(见表11),女童和男童在社交媒体使用时间上并没有显著不同,$X^2(4, N=915)=8.36, p>0.05$;但从年龄上看(见表12),儿童在每次使用社交媒体的时长上有一定的差异,$X^2(24, N=$

$915)=158.55, p<0.001$。然而，通过观察整体数据分布，年龄和社交媒体使用时长的关系似乎并没有清晰的逻辑可循，统计所呈现的差异可能在于 9 岁和 15 岁的儿童在使用时长上出现两头多的现象。也就是说，不像其他年龄的儿童，这两组年龄的儿童并没有随着社交媒体使用时长的增加而人数减少。相反，他们的人数在大于 1 小时的时间段内出现一定程度的反弹。

表 11　样本性别和每次社交媒体使用时长分布　　　　（%）

| 性别 | 每次社交媒体使用时长 | | | | | |
|---|---|---|---|---|---|---|
| | 不超过20分钟 | 大于20分钟但不超过40分钟 | 大于40分钟但不超过1小时 | 大于1小时但不超过1.5小时 | 大于1.5小时 | 合计 |
| 男 | 46.9 | 23.1 | 12.7 | 11.9 | 5.3 | 100 |
| 女 | 50.7 | 24.3 | 13.8 | 8.7 | 2.4 | 100 |
| 均值 | 49.2 | 23.8 | 13.3 | 10.1 | 3.6 | 100 |

表 12　样本年龄和每次社交媒体使用时长分布　　　　（%）

| 年龄 | 每次社交媒体使用时长 | | | | | |
|---|---|---|---|---|---|---|
| | 不超过20分钟 | 大于20分钟但不超过40分钟 | 大于40分钟但不超过1小时 | 大于1小时但不超过1.5小时 | 大于1.5小时 | 合计 |
| 9 | 53.8 | 15.4 | 0 | 15.4 | 15.4 | 100 |
| 10 | 57.1 | 14.3 | 17.9 | 10.7 | 0 | 100 |
| 11 | 45.8 | 37.5 | 8.3 | 8.3 | 0 | 100 |
| 12 | 45.7 | 25.7 | 17.1 | 11.4 | 0 | 100 |
| 13 | 35.9 | 32.8 | 21.9 | 4.7 | 4.7 | 100 |
| 14 | 42.9 | 30.6 | 14.3 | 6.1 | 6.1 | 100 |
| 15 | 64.2 | 9.8 | 11.4 | 14.6 | 0 | 100 |
| 均值 | 49.2 | 23.8 | 13.3 | 10.1 | 3.6 | 100 |

样本的数字素养由计算所有测量该变量的独立题项(共计 28 项)的平均值(Cronbach's $\alpha=0.87$)而形成一个素养指标。结果表明,9 到 15 岁儿童已具备了一定的数字素养($M=3.41,SD=0.57$)。以性别作为自变量,运用独立样本 $t$ 检验发现,女童的数字素养($M=3.45,SD=0.56$)要明显高于男童($M=3.36,SD=0.60$),$t(913)=2.49$,$p<0.05$,这似乎与常识中男性更擅长数字技术有所出入。以年龄作为自变量,运用单因素方差分析发现,不同年龄儿童的数字素养也有显著差异,$F(6,908)=65.36,p<0.001$。进一步通过 Tukey 的事后两两比较①分析得出,9 岁儿童数字素养最低,且与其他任何年龄组的儿童都有显著差距,所有 $p's<0.001$;13 岁及以上年龄的儿童数字素养最高,且显著高于 12 岁以下的儿童,所有 $p's<0.01$。表 13 展示了不同年龄儿童数字素养的均值和标准方差。

样本对待社交媒体广告的态度也由平均四个测量该变量的题项(Cronbach's $\alpha=0.89$)获得。样本总体对社交媒体持中立态度($M=2.93,SD=0.98$),但男童($M=3.04,SD=1.02$)和女童($M=2.85,SD=0.95$)在态度上有显著区别,$t(913)=3.01,p<0.01$,男童对社交媒体广告抱有更加积极的态度。从年龄上看,儿童对待社交媒体广告的态度也具有显著的差异,$F(6,908)=7.15,p<0.001$。通过事后两两比较分析揭示,15 岁儿童和 9 岁儿童对待社交媒体的态度最积极,且都显著高于 10 岁到 12 岁的儿童,所有 $p's<0.01$(见表 13)。

---

① 本研究中所有的两两比较分析(post hoc comparison)使用 Turkey HSD 法。

表 13　不同年龄儿童的数字素养和社交媒体广告态度

| | 年龄 | | | | | | |
|---|---|---|---|---|---|---|---|
| | 9 | 10 | 11 | 12 | 13 | 14 | 15 |
| 数字素养 | 2.82 | 3.23 | 3.14 | 3.49 | 3.69 | 3.79 | 3.61 |
| | (0.38) | (0.43) | (0.49) | (0.53) | (0.51) | (0.39) | (0.60) |
| 社交媒体态度 | 3.29 | 2.76 | 2.66 | 2.75 | 3.04 | 2.91 | 3.14 |
| | (1.18) | (1.07) | (0.94) | (1.18) | (0.93) | (0.74) | (0.55) |

## (二)社交媒体广告说服知识

在分析样本的社交媒体广告说服知识前,我们首先将广告识别、销售意图理解、说服意图理解、广告怀疑、批判性态度以及广告伦理的测量题项进行反向编码。编码后的数值越高,表示儿童的广告说服知识水平越高。其次,将广告来源识别重新编码为识别正确(1)或识别错误(0)两项。其中,选择"制造该产品的公司"的被编码为正确选项,其他任一选项都被编码为错误选项。再次,对广告目的的理解被重新编码为具备"说服性理解"("因为这样我就会喜欢所展示的产品")(3),只具备"信息性理解"("因为这样我就能看到好玩的产品")(2),"有限理解"("因为这样我就会觉得很开心")(1),或"无法理解"("我不知道")(0)(Owen et al. , 2013)。同样,编码后的数值越高,表示广告说服知识水平越高。最后,对购买意愿进行反向编码,数值越高说明购买意愿越强烈。

下一步,针对每一种社交媒体广告类型,对广告销售意图理解(Cronbach's $\alpha$ =0.93)、广告说服意图理解(Cronbach's $\alpha$ =0.95)、广告怀疑(Cronbach's $\alpha$ =0.97)、批判性态度(Cronbach's $\alpha$ =0.96)和广告伦理态度(Cronbach's $\alpha$ =0.97)等每一个变量的测量题项分别取平均值以用于进一步分析。

表 14 呈现了针对不同类型的社交媒体广告,样本的广告说服知识的

表 14　不同类型社交媒体广告的广告说服知识

| 广告说服知识 | 数值范围 | 新产品发布 | 现有产品展示 | 抽奖活动 | 优惠促销活动 | 产品反馈征求 | 产品相关娱乐资讯 | 公司品牌发展 |
|---|---|---|---|---|---|---|---|---|
| 广告识别 | 1～4 | 3.11 (0.94) | 3.27 (0.86) | 3.38 (0.90) | 3.30 (0.96) | 3.12 (0.97) | 3.08 (1.05) | 3.00 (1.07) |
| 广告来源识别 | 0～1 | 0.63 (0.48) | 0.57 (0.50) | 0.60 (0.49) | 0.56 (0.50) | 0.54 (0.50) | 0.61 (0.49) | 0.62 (0.49) |
| 广告目的理解 | 0～3 | 0.86 (0.73) | 0.84 (0.79) | 0.92 (0.80) | 0.84 (0.76) | 0.80 (0.78) | 0.90 (0.79) | 0.81 (0.80) |
| 广告销售意图理解 | 1～4 | 2.67 (0.83) | 2.70 (0.82) | 2.76 (0.89) | 2.80 (0.88) | 2.67 (0.90) | 2.68 (0.93) | 2.60 (0.95) |
| 广告说服意图理解 | 1～4 | 2.83 (0.97) | 2.72 (0.98) | 2.75 (0.94) | 2.75 (0.94) | 2.68 (0.97) | 2.65 (0.97) | 2.63 (0.97) |
| 广告怀疑 | 1～5 | 2.96 (0.92) | 3.05 (0.95) | 3.15 (0.95) | 3.11 (0.93) | 3.16 (0.99) | 3.12 (1.02) | 3.11 (0.94) |
| 广告反感 | 1～5 | 3.17 (0.89) | 3.17 (0.91) | 3.30 (0.88) | 3.18 (0.96) | 3.26 (0.95) | 3.15 (0.95) | 3.16 (0.97) |
| 广告伦理态度 | 1～5 | 2.90 (0.96) | 2.90 (0.93) | 3.01 (0.96) | 2.98 (1.01) | 3.02 (1.00) | 3.03 (1.02) | 3.00 (1.01) |

均值和方差。由表 14 可见，儿童对不同类型的社交媒体广告有不同程度的理解。为了进一步了解儿童对不同类型社交媒体广告理解的差异，以及其理解程度是否受到年龄的影响，我们以每一种广告说服知识（除了广告来源识别）为因变量，以广告类型和年龄为自变量，同时以性别和数字素养为协变量，进行了一系列的双因子协方差分析[①]。广告来源识别的比较则使用了卡方检验。为了在理论上具有解释力，实现与现有研究发现做比较，同时也便于数据分析和解读，我们按照

①　以下所有协方差分析均控制了儿童的性别和数字素养。由于两两比较分析无法控制协变量，其分析结果可能会与协方差分析结果略有出入。

现有文献中对儿童消费者社会化阶段的划分标准以及年龄对儿童广告说服知识影响的研究发现,将样本划分为三个年龄阶段,依次为 9 ~10 岁($N=257$)、11~13 岁($N=388$)和 14~15 岁($N=270$)。以下将针对每一种广告说服知识呈现分析结果,并在最后综合所有结果并阐释。

**广告识别** 广告类型和年龄对广告识别有交互效应,$F(12, 6368)=4.63$,$p<0.001$,广告类型($F(6, 6368)=17.90$, $p<0.001$)和年龄($F(2, 6368)=41.91$, $p<0.001$)对广告识别也分别呈现出主效应。广告识别的均值为 3.18($SD=0.97$),说明儿童基本上能辨识出社交媒体上公司所发布的广告信息。

从广告类型的主效应上看,通过两两比较分析显示,儿童对现有产品展示、抽奖活动以及优惠促销活动的广告识别力最高,且显著高于对其他类型的广告的识别,所有 $p's<0.05$(见表 15)。因为有交互关系存在,我们再分别对不同年龄阶段的儿童的广告识别力进行分析。对于 9~10 岁的儿童来说,当控制住性别和数字素养后,识别力差异仍旧显著,$F(6, 1785)=4.08$, $p<0.001$。其中识别率相对较高的是抽奖活动,相对较低的是产品相关娱乐资讯(见表 15)。同样,11~13 岁儿童对不同类型的社交媒体广告的识别力也有显著差异,$F(6, 2702)=15.44$, $p<0.001$。这部分儿童对广告识别最高的也是抽奖活动,识别最低的是公司品牌发展。识别力差异也体现在 14~15 岁的儿童身上,$F(6, 1877)=14.40$, $p<0.001$。他们对广告识别最高的是优惠促销活动和抽奖活动,识别力最低的也是公司品牌发展。

从年龄的主效应上看,14~15 岁儿童的广告识别能力显著高于 11~13 岁的儿童($p<0.001$)和 9~10 岁的儿童($p<0.001$);11~13

岁儿童的识别能力也显著高于 9~10 岁的儿童（$p<0.01$）。也就是说,年龄较长的儿童呈现出较高程度的广告识别能力。协方差分析中的多项式对比分析也证实了年龄上存在显著的正二向趋势（Contrast estimate＝0.13，$p<0.001$）,说明儿童的广告识别能力会随着年龄的增长而增强。

表 15　不同年龄的儿童对不同类型的社交媒体广告的广告识别能力

| 年龄 | 广告类型 | | | | | | | |
|---|---|---|---|---|---|---|---|---|
| | 1 | 2 | 3 | 4 | 5 | 6 | 7 | |
| | 新产品发布 | 现有产品展示 | 抽奖活动 | 优惠促销活动 | 产品反馈征求 | 产品相关娱乐资讯 | 公司品牌发展 | 合计 |
| 9~10 岁 | 2.86 (1.18) | 3.11[6] (0.94) | 3.14[6] (1.14) | 3.05 (1.13) | 2.96 (1.10) | 2.80[23] (1.30) | 3.12[6] (1.16) | 3.01 (1.14) |
| 11~13 岁 | 3.11[37] (0.87) | 3.17[37] (0.90) | 3.39[12567] (0.84) | 3.20[7] (0.99) | 3.03[37] (0.96) | 3.06[37] (0.98) | 2.80[123456] (1.02) | 3.11 (0.95) |
| 14~15 岁 | 3.36[234] (0.71) | 3.56[17] (0.64) | 3.61[167] (0.63) | 3.67[1567] (0.56) | 3.42[47] (0.77) | 3.39[347] (0.76) | 3.18[123456] (1.00) | 3.45 (0.75) |
| 合计 | 3.11[234] (0.94) | 3.27[1567] (0.86) | 3.38[1567] (0.90) | 3.30[1567] (0.96) | 3.12[234] (0.97) | 3.08[234] (1.05) | 3.00[234] (1.07) | 3.18 (0.97) |

上标字符指,在同一年龄段内,当前广告类型的广告说服知识与字符所指代的广告类型的广告说服知识有显著差异,$p<0.05$

**广告来源识别**　儿童对社交媒体广告来源的平均识别率为 59.1%,略高于机会水平,说明整体上具备一定的广告来源识别能力。然而,9~10 岁儿童的平均识别率只有 32.9%,远低于平均水平;11~13 岁儿童和 14~15 岁儿童的平均识别率则分别为 63.5% 和 77.8%（见表 16）。卡方检验证实,年长儿童的广告来源识别能力要显著高于年幼的儿童,$X^2(2, N=6396)=804.82$,$p<0.001$,这说明年龄是决定儿童能否有效识别社交媒体广告来源的决定性因素。

卡方检验也显示,儿童总体上对不同类型的社交媒体广告的来源识别有显著差异,$X^2(6, N=6396)=24.33$,$p<0.001$。然而,当细分到每个年龄组,9～10 岁的儿童无显著差异,$p>0.05$,14～15 岁的儿童($X^2(6, N=1889)=19.25$,$p<0.01$)和 11～13 岁的儿童($X^2(6, N=2708)=18.05$,$p<0.01$)依旧差异显著(见表 16)。14～15 岁的儿童中,广告来源识别较高的是新产品发布和现有产品展示,可识别人数占该年龄阶段儿童的 80% 以上。只有不到 80% 的儿童能识别出其他类型广告的广告来源。11～13 岁年龄组中,较能准确识别出广告来源的是新产品发布、抽奖活动和产品相关娱乐资讯,识别率均在 67% 以上。

表 16　不同年龄的儿童对不同类型的社交媒体广告的广告来源识别率(%)

| 年龄 | | 广告类型 | | | | | | | |
|---|---|---|---|---|---|---|---|---|---|
| | | 1 | 2 | 3 | 4 | 5 | 6 | 7 | |
| | | 新产品发布 | 现有产品展示 | 抽奖活动 | 优惠促销活动 | 产品反馈征求 | 产品相关娱乐资讯 | 公司品牌发展 | Total |
| 9～10 岁 (N=1799) | 可识别 | 35.4 | 30.0 | 33.9 | 31.5 | 27.6 | 31.5 | 40.5 | 32.9 |
| | 不可识别 | 64.6 | 70.0 | 66.1 | 68.5 | 72.4 | 68.5 | 59.5 | 67.1 |
| 11～13 岁 (N=2708) | 可识别 | 67.7 | 58.0 | 67.6 | 60.2 | 59.5 | 67.5 | 64.1 | 63.5 |
| | 不可识别 | 32.3 | 42.0 | 32.4 | 39.8 | 40.5 | 32.5 | 35.9 | 36.5 |
| 14～15 岁 (N=1889) | 可识别 | 83.7 | 81.9 | 72.9 | 74.1 | 72.6 | 79.6 | 79.6 | 77.8 |
| | 不可识别 | 16.3 | 18.1 | 27.1 | 25.9 | 27.4 | 20.4 | 20.4 | 22.2 |
| 合计 (N=6396) | 可识别 | 63.3 | 57.2 | 59.6 | 56.2 | 54.4 | 61.0 | 62.0 | |
| | 不可识别 | 36.7 | 48.8 | 40.4 | 43.8 | 45.6 | 39.0 | 38.0 | |

**广告目的理解**　协方差分析揭示广告类型和年龄对广告目的的理解有交互效应,$F(12,6378)=2.12$,$p<0.05$。同时,广告类型

($F(6，6378)=2.41$，$p<0.05$)和年龄($F(2，6378)=34.18$，$p<$0.001)对广告目的理解也分别呈现出主效应。儿童总体对社交媒体广告目的理解的平均值是1.55($SD=1.16$)，说明他们的理解力仅介于有限理解和信息性理解之间，未达到信息性理解，更别提说服性理解。针对不同年龄阶段的儿童，在控制住性别和数字素养后，9～10岁的儿童($F(6，1790)=3.91$，$p<0.01$)和11～13岁的儿童($F(6，2704)=2.42$，$p<0.05$)对不同类型社交媒体广告的广告目的的理解程度仍存在差异。其中，对9～10岁的儿童来说，他们较能理解其广告目的的是产品相关娱乐资讯，但他们的理解力也仅接近于信息性理解($M=1.79，SD=1.14$)；而11～13岁的儿童对新产品发布的广告目的理解力较高(见表17)。可是同样，11～13岁儿童的理解程度也未达到信息性理解($M=1.76，SD=1.11$)。14～15岁的儿童则没有显现出对不同社交媒体广告在广告目的理解上的差异，$p>0.05$。

理论上，我们预测儿童对广告的理解会随着年龄的增长而提升，数据也显示年龄对广告目的的理解具有主效应，也即儿童对广告目的的理解会随年龄的变化而变化。然而，与理论预测不一致的是，通过多项式对比分析发现，年龄对广告目的理解的影响表现出负二次趋向(Contrast estimate $=-0.11$，$p<0.001$)。也就是说，儿童对社交媒体广告目的的理解并没有随着年龄的增长而持续提高，到达一定年龄反而出现下降趋势。通过两两比较证实了这一趋势，即11～13岁的儿童对广告目的的理解显著高于9～10岁的儿童($p<0.01$)和14～15岁的儿童($p<0.001$)，而后两组年龄的儿童并不存在显著差异，$p>0.05$。尽管如此，如果从理论上来判断，这三组年龄的儿童对社交媒体广告目的的理解其实都介于有限理解和信息性理解之间，因此他们的理解程度在本质上是没有区别的，且都是不够成熟的。

表 17　不同年龄的儿童对不同类型的社交媒体广告的广告目的理解

| 年龄 | 广告类型 | | | | | | | 合计 |
|---|---|---|---|---|---|---|---|---|
| | 1 | 2 | 3 | 4 | 5 | 6 | 7 | |
| | 新产品发布 | 现有产品展示 | 抽奖活动 | 优惠促销活动 | 产品反馈征求 | 产品相关娱乐资讯 | 公司品牌发展 | |
| 9～10岁 | 1.46[6] | 1.56 | 1.61 | 1.47[6] | 1.38[6] | 1.79[1457] | 1.43[6] | 1.53 |
| | (1.10) | (1.19) | (1.22) | (1.10) | (1.17) | (1.14) | (1.18) | (1.16) |
| 11～13岁 | 1.76[5] | 1.63 | 1.68 | 1.67 | 1.49[1] | 1.60 | 1.63 | 1.63 |
| | (1.11) | (1.15) | (1.18) | (1.11) | (1.14) | (1.15) | (1.14) | (1.14) |
| 14～15岁 | 1.41 | 1.40 | 1.52 | 1.49 | 1.52 | 1.47 | 1.44 | 1.46 |
| | (1.08) | (1.14) | (1.19) | (1.14) | (1.19) | (1.18) | (1.19) | (1.16) |
| 合计 | 1.57 | 1.54 | 1.61 | 1.56 | 1.47 | 1.61 | 1.49 | 1.55 |
| | (1.11) | (1.16) | (1.20) | (1.12) | (1.17) | (1.16) | (1.17) | (1.16) |

　　上标字符指,在同一年龄段内,当前广告类型的广告说服知识与字符所指代的广告类型的广告说服知识有显著差异,$p < 0.05$

　　**广告销售意图理解**　结果显示广告类型和年龄对广告销售意图理解有交互效应,$F_{(12, 6380)} = 2.13$,$p < 0.05$,广告类型($F_{(6, 6380)} = 4.57$,$p < 0.001$)和年龄($F_{(2, 6380)} = 41.75$,$p < 0.001$)也分别呈现出主效应。总体上,儿童对社交媒体广告销售意图理解的平均值是 $2.70(SD = 0.89)$,说明儿童对销售意图的理解有限且具有不确定性。其中,相对能较好地辨认出销售意图的是优惠促销活动,而比较难以辨认的是公司品牌发展(见表18)。从不同年龄阶段看,9～10 岁的儿童对不同类型的社交媒体广告的销售意图理解并没有显著不同,$p > 0.05$,而 11～13 岁的儿童($F_{(6, 2707)} = 3.13$,$p < 0.01$)及 14～15 岁的儿童($F_{(6, 1880)} = 4.90$,$p < 0.001$)则呈现出一定的差异(见表18)。与总体趋势一致,这两组年龄的儿童较能辨识出优惠

促销活动的广告销售意图,而对公司品牌发展的销售意图辨识度低。相比11~13岁儿童,14~15岁儿童对现有产品展示和抽奖活动的销售意图的辨识度也较高。

表 18　不同年龄的儿童对不同类型的社交媒体广告的广告销售意图理解

| 年龄 | 广告类型 | | | | | | | |
|---|---|---|---|---|---|---|---|---|
| | 1 | 2 | 3 | 4 | 5 | 6 | 7 | |
| | 新产品发布 | 现有产品展示 | 抽奖活动 | 优惠促销活动 | 产品反馈征求 | 产品相关娱乐资讯 | 公司品牌发展 | 合计 |
| 9~10 岁 | 2.81 (0.89) | 2.68 (0.87) | 2.92 (0.94) | 2.87 (0.91) | 2.91 (0.94) | 2.89 (1.06) | 2.79 (1.06) | 2.84 (0.96) |
| 11~13 岁 | 2.61 (0.80) | 2.68 (0.84) | 2.68 (0.92) | $2.79^{57}$ (0.90) | $2.58^{4}$ (0.93) | 2.62 (0.89) | $2.55^{4}$ (0.94) | 2.65 (0.89) |
| 14~15 岁 | 2.62 (0.79) | $2.75^{7}$ (0.73) | $2.74^{7}$ (0.77) | $2.77^{7}$ (0.80) | 2.58 (0.78) | 2.57 (0.83) | $2.51^{4}$ (0.84) | 2.65 (0.80) |
| 合计 | $2.67^{4}$ (0.83) | 2.70 (0.82) | $2.76^{7}$ (0.89) | $2.80^{157}$ (0.88) | $2.67^{4}$ (0.90) | 2.68 (0.93) | $2.61^{34}$ (0.95) | 2.70 (0.89) |

上标字符指,在同一年龄段内,当前广告类型的广告说服知识与字符所指代的广告类型的广告说服知识有显著差异,$p<0.05$

然而,从年龄的总体趋势看,年长的儿童似乎并不比年幼的儿童具备更高的社交媒体广告销售意图的辨识能力。多项式对比分析呈现出显著的弱二次趋向(Contrast estimate=0.08,$p<0.001$),两两比较分析则进一步说明9~10岁儿童对社交媒体广告销售意图的理解显著高于13~14岁儿童和14~15岁儿童,所有 $p<0.001$,而后两组年龄的儿童则没有显著区别。这一数据结果与理论所预测的年龄和儿童广告说服知识的正向关系较不一致。

**广告说服意图理解**　协方差分析结果揭示,广告类型和年龄对广告说服意图理解有交互效应,$F(12,6382)=2.23$,$p<0.01$。此外,

广告类型呈主效应，$F(6, 6382) = 4.43$，$p < 0.001$，但年龄的主效应不显著，$p > 0.05$，说明年龄并不单独影响儿童对社交媒体广告说服意图的理解。对说服意图理解的平均值是 2.72（$SD = 0.97$），说明儿童对所示广告是否具有说服意图很不确定。在所有广告类型中，儿童能相对较好地辨识出广告说服意图的是新产品发布广告（见表 19）。结合前文中儿童对广告销售意图理解的数据结果，说明儿童很可能比较直观地认为优惠促销活动是为了产品销售，而新产品发布是为了获得消费者的喜爱或对新产品有更积极的态度。

表 19　不同年龄的儿童对不同类型的社交媒体广告的广告说服意图理解

| 年龄 | 广告类型 | | | | | | | |
|---|---|---|---|---|---|---|---|---|
| | 1 | 2 | 3 | 4 | 5 | 6 | 7 | |
| | 新产品<br>发布 | 现有产<br>品展示 | 抽奖<br>活动 | 优惠促<br>销活动 | 产品反<br>馈征求 | 产品相关<br>娱乐资讯 | 公司品<br>牌发展 | 合计 |
| 9～10<br>岁 | 2.79<br>(1.05) | 2.65<br>(1.10) | 2.82<br>(0.96) | 2.82<br>(1.00) | 2.71<br>(1.07) | 2.66<br>(1.02) | 2.73<br>(1.04) | 2.74<br>(1.04) |
| 11～13<br>岁 | 2.75<br>(0.95) | 2.74<br>(0.92) | 2.75<br>(0.93) | 2.81[7]<br>(0.91) | 2.67<br>(0.94) | 2.64<br>(0.97) | 2.57[4]<br>(0.94) | 2.70<br>(0.94) |
| 14～15<br>岁 | 2.98[34567]<br>(0.90) | 2.77<br>(0.94) | 2.70[1]<br>(0.93) | 2.61[1]<br>(0.93) | 2.67[1]<br>(0.91) | 2.68[1]<br>(0.93) | 2.63[1]<br>(0.94) | 2.72<br>(0.93) |
| 合计 | 2.83[567]<br>(0.97) | 2.72<br>(0.98) | 2.75<br>(0.94) | 2.75<br>(0.94) | 2.68[1]<br>(0.97) | 2.65[1]<br>(0.97) | 2.63[1]<br>(0.97) | 2.72<br>(0.97) |

上标字符指，在同一年龄段内，当前广告类型的广告说服知识与字符所指代的广告类型的广告说服知识有显著差异，$p < 0.05$

　　尽管如此，以上结果也受到了年龄变量的调节。与广告销售意图理解的结果一致，9～10 岁的儿童对不同类型社交媒体广告的说服意图的理解并未呈现显著差异，$p > 0.05$。相对地，11～13 岁的儿童（$F$

$(6，2707)=3.07，p<0.01)$对优惠促销活动的广告说服意图的辨识度较高;14~15 岁的儿童$(F(6，1881)=5.16，p<0.001)$则认为新产品发布具有明显的广告说服意图(见表 19)。综上,尽管广告类型间存在不同程度的理解差异,但从社交媒体广告整体上看,儿童对其广告说服意图的理解并没有随着年龄的增长而有所提升。

**广告怀疑** 协方差分析结果显示广告类型$(F(12，6382)=4.18，p<0.001)$和年龄$(F(2，6382)=105.37，p<0.001)$对广告怀疑有主效应,但是这两个变量不存在交互效应,$p>0.05$。儿童对社交媒体广告怀疑的均值是 3.09$(SD=0.96)$,说明整体上对广告内容的真实性持中立态度。就广告类型来说,儿童认为最可信的社交媒体广告类型是新产品发布,其他类型的广告在可信度上则没有显著区别(见表 20)。

表 20 不同年龄的儿童对不同类型的社交媒体广告的怀疑程度

| 年龄 | 广告类型 | | | | | | | |
| --- | --- | --- | --- | --- | --- | --- | --- | --- |
| | 1 | 2 | 3 | 4 | 5 | 6 | 7 | 合计 |
| | 新产品发布 | 现有产品展示 | 抽奖活动 | 优惠促销活动 | 产品反馈征求 | 产品相关娱乐资讯 | 公司品牌发展 | |
| 9~10 岁 | 3.34 (1.09) | 3.38 (1.07) | 3.37 (1.11) | 3.30 (1.08) | 3.37 (1.22) | 3.30 (1.23) | 3.36 (1.08) | 3.35 (1.12) |
| 11~13 岁 | 2.99[34567] (0.82) | 3.15 (0.88) | 3.26[1] (0.89) | 3.21[1] (0.88) | 3.29[1] (0.91) | 3.25[1] (0.99) | 3.19[1] (0.94) | 3.19 (0.91) |
| 14~15 岁 | 2.56[34567] (0.70) | 2.59 (0.75) | 2.78[1] (0.73) | 2.77[1] (0.72) | 2.78[1] (0.72) | 2.75[1] (0.74) | 2.75[1] (0.67) | 2.71 (0.72) |
| 合计 | 2.96[34567] (0.92) | 3.05 (0.95) | 3.15[1] (0.95) | 3.11[1] (0.93) | 3.16[1] (0.99) | 3.12[1] (1.02) | 3.11[1] (0.94) | 3.09 (0.96) |

上标字符指,在同一年龄段内,当前广告类型的广告说服知识与字符所指代的广告类型的广告说服知识有显著差异,$p<0.05$

理论上,广告类型的主效应意味着无论儿童处于哪个年纪,广告类型对广告怀疑都有显著的影响,或者说,儿童对不同类型的广告在广告怀疑程度上有显著的区别。但进一步分析却发现,9~10 岁的儿童对不同类型的社交媒体广告所持有的怀疑态度并没有显著不同,$p > 0.05$。相对地,11~13 岁的儿童($F(6, 2707) = 5.56$,$p < 0.001$)和 14~15 岁的儿童($F(6, 1881) = 4.72$,$p < 0.001$)却有显著区别,且他们认为最可信的也是有关新产品发布的广告信息(见表 20)。

理论上,我们预测年龄较长的儿童会比年龄较低的儿童更加怀疑广告内容的真实性,但事实数据却呈现出相反的趋势。多项式对比分析显示显著的负二次趋向(Contrast estimate $= -0.14$,$p < 0.001$);两两比较分析则进一步证实,9~10 岁儿童对社交媒体广告的怀疑程度显著高于 13~14 岁儿童($p < 0.001$)和 14~15 岁儿童($p < 0.001$),而 13~14 岁的儿童也显著高于 14~15 岁的儿童,$p < 0.001$。也就是说,随着年龄的增长,儿童对社交媒体广告的信任度是逐渐提升的。

**广告反感**　结果显示广告类型和年龄对儿童的广告反感有交互影响,($F(12, 6382) = 2.56$,$p < 0.01$),广告类型($F(6, 6382) = 3.39$,$p < 0.01$)和年龄($F(2, 6382) = 91.98$,$p < 0.001$)对广告反感也分别有主效应。儿童对社交媒体广告所持有的反感态度的均值是 3.20($SD = 0.93$)。单样本 $t$ 检验证实该值显著高于测量中间值 3,$t(6404) = 16.88$,$p < 0.001$,说明在社交媒体广告的信息有用性和喜好方面,儿童抱有一定程度的否定意见。从整体上看,儿童较反感的社交媒体广告类型是抽奖活动($M = 3.30$,$SD = 0.88$),而相对较不反感的广告类型是现有产品展示、产品相关娱乐资讯以及公司品牌发展(见表 21),但是后三者的均值仍旧都显著高于测量中间值,所有 $p < 0.05$。

9～10岁的儿童对不同类型的社交媒体广告所持有的反感态度没有显著区别，$p>0.05$；11～13岁的儿童（$F(6,2707)=3.96$，$p<0.01$）及14～15岁的儿童（$F(6,1881)=4.31$，$p<0.001$）则同样对抽奖活动这类社交媒体广告抱有更为反感的态度，同时对公司品牌发展这类广告的批判态度相对温和（见表21）。

表21　不同年龄的儿童对不同类型的社交媒体广告的反感程度

| 年龄 | 广告类型 | | | | | | | |
|---|---|---|---|---|---|---|---|---|
| | 1 | 2 | 3 | 4 | 5 | 6 | 7 | |
| | 新产品发布 | 现有产品展示 | 抽奖活动 | 优惠促销活动 | 产品反馈征求 | 产品相关娱乐资讯 | 公司品牌发展 | 合计 |
| 9～10岁 | 3.22 (1.08) | 3.38 (1.13) | 3.39 (1.03) | 3.19 (1.25) | 3.31 (1.12) | 3.23 (1.11) | 3.45 (1.17) | 3.31 (1.13) |
| 11～13岁 | 3.31 (0.84) | 3.27 (0.84) | $3.43^{7}$ (0.87) | 3.32 (0.87) | $3.45^{7}$ (0.95) | 3.31 (0.95) | $3.20^{35}$ (0.96) | 3.32 (0.90) |
| 14～15岁 | 2.94 (0.68) | $2.81^{3}$ (0.66) | $3.03^{267}$ (0.67) | $2.96^{1}$ (0.70) | 2.93 (0.64) | $2.83^{3}$ (0.70) | $2.82^{3}$ (0.59) | 2.90 (0.66) |
| 合计 | 3.17 (0.89) | $3.17^{3}$ (0.91) | $3.30^{267}$ (0.88) | 3.18 (0.96) | 3.26 (0.95) | $3.15^{3}$ (0.95) | $3.16^{3}$ (0.97) | 3.20 (0.93) |

上标字符指，在同一年龄段内，当前广告类型的广告说服知识与字符所指代的广告类型的广告说服知识有显著差异，$p<0.05$

在年龄对比上，相关数据显示出和广告怀疑一致的结果，即与理论预测相悖，儿童对社交媒体广告的反感程度并没有随着年龄的增长而增强。多项式对比分析呈现显著的负二次趋向（Contrast estimate＝－0.17，$p<0.001$）；两两比较分析则进一步表明，14～15岁儿童对社交媒体广告的反感态度显著低于9～10岁的儿童（$p<0.001$）和11～13岁的儿童（$p<0.001$），而后两组年龄的儿童在批判态度上则没有显著的区别，$p>0.05$。换句话说，比起9～13岁的儿童，14岁及以上的儿童反而对社交媒体广告较不反感,而且从均值上看,14～15岁儿童的广告反感程度也显著低于测量中间值,$t(1889)=-6.29$,$p<0.001$。

**广告伦理态度** 在控制年龄和数字素养后,双因子协方差分析显示广告类型和年龄对广告伦理态度没有交互影响,$p>0.05$,但是广告类型($F(6,6382)=2.72$,$p<0.05$)和年龄($F(2,6382)=107.19$,$p<0.001$)对广告伦理态度分别有主效应。从整体上看,儿童对所示社交媒体广告是否合理、公正且符合伦理道德持中立的态度($M=2.98$,$SD=0.99$)。

但是在对不同年龄组分别考察后,发现年龄还是在一定程度上调节了广告类型对伦理态度的影响。其中,9～10岁的儿童对不同类型的社交媒体广告所持有的伦理态度并无显著区别,$p>0.05$;14～15岁的儿童也有同样的情形,$p>0.05$。另一方面,11～13岁的儿童($F(6,2707)=3.95$,$p<0.01$)认为在社交媒体上向消费者推送产品反馈征求和产品相关娱乐资讯类信息较不恰当(见表22)。

年龄上,数据再一次呈现出与理论预测相悖的结果。多项式对比分析建议较弱但显著的负二次趋向(Contrast estimate$=-0.07$,$p<0.01$);两两比较分析则进一步显示,9～10岁的儿童对社交媒体广告的伦理态度显著高于11～13岁的儿童($p<0.001$)及14～15岁的儿童($p<0.001$),而后两组年龄的儿童在伦理态度上也有显著的区别,$p<0.001$。也就是说,儿童对社交媒体广告的伦理态度并没有随着年龄的增长而提升。与之相反,年龄越大的儿童反而对在社交媒体上发布广告及其广告内容持有相对宽容的态度。

表 22    不同年龄的儿童对不同类型的社交媒体广告的伦理态度

| 年龄 | 广告类型 | | | | | | | |
| --- | --- | --- | --- | --- | --- | --- | --- | --- |
| | 1 | 2 | 3 | 4 | 5 | 6 | 7 | |
| | 新产品发布 | 现有产品展示 | 抽奖活动 | 优惠促销活动 | 产品反馈征求 | 产品相关娱乐资讯 | 公司品牌发展 | 合计 |
| 9~10岁 | 3.30 (1.13) | 3.22 (1.01) | 3.33 (1.07) | 3.27 (1.21) | 3.29 (1.17) | 3.32 (1.13) | 3.31 (1.18) | 3.29 (1.13) |
| 11~13岁 | 2.89[56] (0.93) | 2.94[6] (0.92) | 3.02 (0.98) | 3.04 (1.00) | 3.12[1] (1.00) | 3.15[12] (1.04) | 3.06 (1.02) | 3.03 (0.99) |
| 14~15岁 | 2.90 (0.96) | 2.90 (0.93) | 3.01 (0.96) | 2.98 (1.01) | 3.02 (1.00) | 3.03 (1.02) | 3.00 (1.01) | 2.98 (0.99) |
| 合计 | 2.90 (0.96) | 2.90 (0.93) | 3.01 (0.96) | 2.98 (1.01) | 3.02 (1.00) | 3.03 (1.02) | 3.00 (1.01) | 2.98 (0.99) |

上标字符指,在同一年龄段内,当前广告类型的广告说服知识与字符所指代的广告类型的广告说服知识有显著差异,$p<0.05$

## (三)社交媒体广告参与

基于理论模型中参与程度由低到高,社交媒体广告的品牌参与被分为中立消费阶段、积极过滤阶段、认知和情感加工阶段以及品牌支持阶段四个阶段,我们为每个阶段草拟了三到八个测量题项。因为已经有了测量模型,我们使用验证性因子分析(confirmatory factor analysis)对测量模型进行效度检验,即检验测量题项与因子的对应关系,测量题项是否与其所设计的因子有显著的载荷,并与其他无关的因子没有显著的载荷,以及测量题项的共同性。在因子抽取方法上,选择极大似然法(maximum likelihood factoring),因为此法必须先行估计因子数目,特别适合运用于验证性因子分析(Tabachnick & Fidell,2007)。在转轴方法上,学者建议同时使用直交转轴法和斜交转轴法并进行两者间的比较,以便能从因子负荷量及因子题项的合理性加以综合判断(Finch,2006;Kieffer,1998)。因此,我们使用了直交转轴中的最大变异法(Varimax)和斜交转轴中的直接斜交法(Direct Oblimin)。结果显示,测量模型的 KMO＝0.855,表示题项变量间的关系良好,具有共同因素存在,变量适合进行因素分析(Kaiser & Rice,1974)。此外,Bartlett's 球形检验 $X^2(276)＝15504.71$,$p＜0.001$,说明净相关矩阵是单元矩阵,也说明总体的相关矩阵有共同因素存在,适合进行因素分析。从表 23 可见,比较两种转轴方法,测量模型因子所包含的题项变量内容差不多,四个因子共可解释全量表 58.39％的变异量。同时,所有测量题项变量均能与所设计的因子相对应,并且绝大多数题项在所对应的因子上有显著的载荷量。现有文献对因子载荷量的挑选没有统一的准则。Hair 等人(2010)认为,载荷量挑选要考虑样本大小,样本越多则载荷量选取标准可以降低,以 350 人的样本为例,载荷量选取标准可低至 0.30。Tabachnick 和 Fidell(2007)认为,应舍弃载荷量小于 0.32 的变量,载荷量大于 0.45 的变量其状况为普通,载荷量大于 0.55 的则是好的状况。基于现有文献,中国学者建议因子载荷量挑选标准最好在 0.40 以上,以此共同因子就能解释题项变量的至少 16％以上(吴明隆,2010)。综上,我们以 0.45 为标准对原始的测量题项进行筛选,因此删除"品牌支持阶段"里的"主动转发广告或品牌内容"以及"认知和情感加工阶段"里的"在评论广告或品牌时提及个人信息"和"在评论广告或品牌时提及个人品牌或产品喜好"。在删除上述三个测量题项后,我们用同样的因子分析方法对修改后的测量模型进行第二次效度检验。修改后的测量模型的因子载荷量见表 24(KMO＝0.856,Bartlett's 球形检验 $X^2(210)＝13654.95$,$p＜0.001$),四个因子总共对全量表的变异量的

表 23 "社交媒体广告参与"测量模型因子载荷量

| | 斜交转轴（Direct Oblimin） | | | | | | | | 直交转轴（Varimax） | | | |
| --- | --- | --- | --- | --- | --- | --- | --- | --- | --- | --- | --- | --- |
| | 样式矩阵 | | | | 结构矩阵 | | | | 转轴后成分矩阵 | | | |
| | 因子 1 | 因子 2 | 因子 3 | 因子 4 | 因子 1 | 因子 2 | 因子 3 | 因子 4 | 因子 1 | 因子 2 | 因子 3 | 因子 4 |
| 请求他人点赞或评论自己发布的与品牌相关的文字、照片或视频内容 | 0.830 | −0.025 | 0.129 | −0.066 | 0.863 | 0.111 | 0.430 | 0.141 | 0.828 | 0.268 | 0.019 | 0.033 |
| 参与品牌购买经验和使用经验的分享活动 | 0.816 | −0.084 | −0.007 | 0.080 | 0.815 | 0.082 | 0.342 | 0.215 | 0.794 | 0.163 | 0.125 | −0.006 |
| 在个人的社交媒体好友圈中主动发起有关品牌的讨论 | 0.795 | −0.054 | 0.173 | −0.073 | 0.840 | 0.077 | 0.455 | 0.136 | 0.801 | 0.301 | 0.013 | 0.000 |
| 分享品牌或产品的消费记录 | 0.774 | −0.025 | 0.098 | 0.028 | 0.814 | 0.125 | 0.414 | 0.212 | 0.775 | 0.247 | 0.100 | 0.041 |
| 分享自己对产品的创新使用方式（例如新奇有趣的使用方式） | 0.772 | −0.104 | 0.000 | 0.056 | 0.765 | 0.048 | 0.320 | 0.179 | 0.749 | 0.155 | 0.097 | −0.033 |
| 在个人的社交媒体账号中使用多种媒体形式（如声音、图片、视频等）发表与品牌相关的购物经历 | 0.765 | −0.052 | 0.114 | −0.094 | 0.783 | 0.064 | 0.377 | 0.087 | 0.758 | 0.235 | −0.020 | −0.002 |
| 在个人的社交媒体账号发布与广告相关的文字、照片或视频内容 | 0.722 | 0.091 | 0.097 | 0.022 | 0.780 | 0.231 | 0.397 | 0.228 | 0.733 | 0.238 | 0.107 | 0.150 |
| 主动转发或品牌内容 | 0.398 | 0.159 | −0.177 | 0.015 | 0.358 | 0.220 | −0.002 | 0.070 | 0.366 | −0.085 | 0.035 | 0.192 |

品牌支持阶段

续表

| | | 斜交转轴 (Direct Oblimin) | | | | | | | | 直交转轴 (Varimax) | | | |
| | | 样式矩阵 | | | | 结构矩阵 | | | | 转轴后成分矩阵 | | | |
| | | 因子 1 | 因子 2 | 因子 3 | 因子 4 | 因子 1 | 因子 2 | 因子 3 | 因子 4 | 因子 1 | 因子 2 | 因子 3 | 因子 4 |
|---|---|---|---|---|---|---|---|---|---|---|---|---|---|
| 积极过滤阶段 | 收藏广告或与广告相关的社交媒体品牌主页、官方微博或品牌公众号 | -0.076 | 0.902 | 0.218 | -0.089 | 0.151 | 0.879 | 0.217 | 0.234 | 0.036 | 0.208 | 0.080 | 0.870 |
| | 点赞广告或与广告相关的社交媒体品牌主页、官方微博或品牌公众号 | -0.014 | 0.875 | -0.009 | 0.050 | 0.146 | 0.886 | 0.067 | 0.289 | 0.059 | 0.029 | 0.173 | 0.868 |
| | 关注广告或与广告相关的社交媒体品牌主页、官方微博或品牌公众号 | 0.008 | 0.855 | -0.104 | 0.052 | 0.128 | 0.863 | -0.020 | 0.254 | 0.060 | -0.058 | 0.156 | 0.850 |
| 认知和情感增加工阶段 | 在评论广告或品牌时向其他人发送图片或视频 | 0.018 | 0.003 | 0.911 | -0.067 | 0.366 | 0.051 | 0.892 | 0.292 | 0.199 | 0.865 | 0.107 | -0.010 |
| | 在评论广告或品牌时说品牌或产品的八卦 | 0.039 | 0.005 | 0.816 | 0.021 | 0.368 | 0.076 | 0.840 | 0.348 | 0.207 | 0.796 | 0.177 | 0.006 |
| | 在评论广告或品牌和其他人讨论 | 0.057 | -0.030 | 0.783 | 0.046 | 0.371 | 0.048 | 0.822 | 0.354 | 0.217 | 0.772 | 0.191 | -0.024 |
| | 因参与营销或品牌发起的抽奖活动 | 0.129 | 0.063 | 0.591 | 0.137 | 0.402 | 0.166 | 0.701 | 0.411 | 0.262 | 0.623 | 0.262 | 0.087 |
| | 因参与营销或品牌促销活动上传个人照片或视频 | 0.177 | 0.057 | 0.499 | 0.127 | 0.410 | 0.159 | 0.623 | 0.372 | 0.289 | 0.541 | 0.238 | 0.083 |
| | 在评论广告或品牌时提及个人信息 | 0.104 | 0.173 | 0.402 | 0.108 | 0.315 | 0.250 | 0.497 | 0.334 | 0.205 | 0.434 | 0.213 | 0.191 |
| | 在评论广告或产品时提及个人品牌或产品喜好 | 0.140 | 0.294 | 0.290 | 0.234 | 0.352 | 0.405 | 0.457 | 0.457 | 0.237 | 0.362 | 0.334 | 0.330 |

续表

| | | 斜交转轴（Direct Oblimin） | | | | | | | | 直交转轴（Varimax） | | | |
| | | 样式矩阵 | | | | 结构矩阵 | | | | 转轴后成分矩阵 | | | |
| | | 因子1 | 因子2 | 因子3 | 因子4 | 因子1 | 因子2 | 因子3 | 因子4 | 因子1 | 因子2 | 因子3 | 因子4 |
|---|---|---|---|---|---|---|---|---|---|---|---|---|---|
| 中立消费阶段 | 点击广告（包括打开广告、隐藏广告和关闭广告） | 0.101 | −0.085 | −0.013 | 0.830 | 0.245 | 0.165 | 0.344 | 0.821 | 0.154 | 0.171 | 0.796 | 0.031 |
| | 因广告填写个人购买喜好的信息（如品牌喜好） | 0.078 | 0.008 | −0.119 | 0.768 | 0.184 | 0.229 | 0.211 | 0.739 | 0.112 | 0.055 | 0.728 | 0.114 |
| | 因广告填写个人联系信息（如手机号码） | −0.111 | 0.092 | −0.069 | 0.654 | 0.007 | 0.251 | 0.148 | 0.630 | −0.064 | 0.047 | 0.625 | 0.166 |
| | 允许App/应用程序授权（例如授权其他手机App/应用程序进行账号共享） | −0.048 | 0.043 | 0.063 | 0.634 | 0.110 | 0.217 | 0.294 | 0.661 | 0.019 | 0.180 | 0.628 | 0.120 |
| | 允许公开实时定位或地址信息 | −0.035 | −0.096 | 0.271 | 0.538 | 0.162 | 0.068 | 0.460 | 0.609 | 0.056 | 0.359 | 0.555 | −0.030 |
| | 允许使用定位信息以让对方推荐更合适的产品或服务 | 0.000 | 0.003 | 0.141 | 0.533 | 0.161 | 0.163 | 0.348 | 0.589 | 0.070 | 0.243 | 0.543 | 0.071 |
| | 特征值 | | | | | 7.497 | 2.721 | 2.352 | 1.444 | 7.497 | 2.721 | 2.352 | 1.444 |

表 24　修改后的"社交媒体广告参与"测量模型因子载荷量

| | 斜交转轴（Direct Oblimin） | | | | | | | | 直交转轴（Varimax） | | | |
| | 样式矩阵 | | | | 结构矩阵 | | | | 转轴后成分矩阵 | | | |
| | 因子 1 | 因子 2 | 因子 3 | 因子 4 | 因子 1 | 因子 2 | 因子 3 | 因子 4 | 因子 1 | 因子 2 | 因子 3 | 因子 4 |
|---|---|---|---|---|---|---|---|---|---|---|---|---|
| 请求他人点赞或评论自己发布的与品牌相关的文字、照片或视频内容 | 0.849 | 0.018 | 0.057 | −0.064 | 0.865 | 0.087 | 0.444 | 0.126 | 0.837 | 0.223 | 0.022 | 0.041 |
| 参与品牌购买经验和使用经验的分享活动 | 0.843 | −0.033 | −0.070 | 0.082 | 0.821 | 0.063 | 0.366 | 0.208 | 0.805 | 0.126 | 0.130 | 0.005 |
| 在个人的社交媒体好友圈中主动发起有关品牌的讨论 | 0.813 | −0.013 | 0.102 | −0.070 | 0.848 | 0.055 | 0.467 | 0.122 | 0.813 | 0.256 | 0.018 | 0.009 |
| 分享自己对产品的消费记录 | 0.799 | 0.023 | 0.038 | 0.032 | 0.826 | 0.111 | 0.439 | 0.206 | 0.791 | 0.212 | 0.108 | 0.055 |
| 分享自己对产品的创新使用方式（例如新奇有趣的使用方式） | 0.796 | −0.056 | −0.057 | 0.055 | 0.774 | 0.029 | 0.344 | 0.172 | 0.761 | 0.124 | 0.099 | −0.023 |
| 在个人的社交媒体账号中使用多种媒体形式（如声音、图片、视频等）发表与品牌相关的购物经历 | 0.786 | −0.009 | 0.050 | −0.093 | 0.791 | 0.046 | 0.394 | 0.076 | 0.771 | 0.198 | −0.017 | 0.009 |
| 在个人的社交媒体账号发布的与品牌相关的文字、照片或视频内容 | 0.736 | 0.122 | 0.034 | 0.024 | 0.768 | 0.202 | 0.409 | 0.210 | 0.732 | 0.196 | 0.108 | 0.150 |

品牌支持阶段

续表

| | 斜交转轴（Direct Oblimin） | | | | | | | | 直交转轴（Varimax） | | | |
| | 样式矩阵 | | | | 结构矩阵 | | | | 转轴后成分矩阵 | | | |
| | 因子1 | 因子2 | 因子3 | 因子4 | 因子1 | 因子2 | 因子3 | 因子4 | 因子1 | 因子2 | 因子3 | 因子4 |
|---|---|---|---|---|---|---|---|---|---|---|---|---|
| 积极过滤阶段 收藏广告或广告相关的社交媒体品牌主页、官方微博或品牌公众号 | -0.048 | 0.886 | 0.196 | -0.076 | 0.117 | 0.879 | 0.221 | 0.220 | 0.041 | 0.188 | 0.089 | 0.868 |
| 点赞广告或广告相关的社交媒体品牌主页、官方微博或品牌公众号 | 0.023 | 0.878 | -0.034 | 0.060 | 0.102 | 0.893 | 0.076 | 0.280 | 0.056 | 0.010 | 0.180 | 0.875 |
| 关注广告或广告相关的社交媒体品牌主页、官方微博或品牌公众号 | 0.046 | 0.854 | -0.130 | 0.060 | 0.076 | 0.862 | -0.012 | 0.241 | 0.051 | -0.077 | 0.158 | 0.850 |
| 认知和情感加工阶段 在评论广告或产品时向其他人发送图片或视频 | -0.014 | 0.002 | 0.943 | -0.074 | 0.428 | 0.063 | 0.908 | 0.285 | 0.239 | 0.870 | 0.120 | 0.009 |
| 在评论广告或品牌时说品牌或产品的八卦 | 0.022 | 0.004 | 0.817 | 0.022 | 0.422 | 0.083 | 0.836 | 0.340 | 0.247 | 0.776 | 0.191 | 0.022 |
| 在评论广告或品牌时和其他人讨论 | 0.040 | -0.029 | 0.787 | 0.044 | 0.427 | 0.055 | 0.821 | 0.345 | 0.256 | 0.755 | 0.203 | -0.009 |
| 参与广告或品牌发起的抽奖活动 | 0.120 | 0.069 | 0.588 | 0.129 | 0.436 | 0.165 | 0.702 | 0.395 | 0.291 | 0.603 | 0.266 | 0.097 |
| 因参与营销或促销活动上传个人照片或视频 | 0.176 | 0.052 | 0.468 | 0.116 | 0.429 | 0.139 | 0.602 | 0.342 | 0.310 | 0.498 | 0.231 | 0.078 |

续表

| | 斜交转轴(Direct Oblimin) | | | | | | | | 直交转轴(Varimax) | | | |
| --- | --- | --- | --- | --- | --- | --- | --- | --- | --- | --- | --- | --- |
| | 样式矩阵 | | | | 结构矩阵 | | | | 转轴后成分矩阵 | | | |
| | 因子 1 | 因子 2 | 因子 3 | 因子 4 | 因子 1 | 因子 2 | 因子 3 | 因子 4 | 因子 1 | 因子 2 | 因子 3 | 因子 4 |
| 点击广告(包括打开广告、隐藏广告和关闭广告) | 0.108 | −0.066 | −0.007 | 0.814 | 0.245 | 0.155 | 0.350 | 0.815 | 0.160 | 0.153 | 0.792 | 0.030 |
| 因广告填写个人购买喜好的信息(如品牌喜好) | 0.093 | 0.026 | −0.120 | 0.751 | 0.182 | 0.220 | 0.215 | 0.730 | 0.114 | 0.036 | 0.720 | 0.112 |
| 因广告填写个人联系信息(如手机号码) | −0.101 | 0.095 | −0.063 | 0.652 | 0.003 | 0.249 | 0.145 | 0.633 | −0.064 | 0.033 | 0.628 | 0.162 |
| 中立消费阶段 允许 App/应用程序授权其他手机与应用程序进行账号共享(例如授权 App/应用程序账号共享) | −0.040 | 0.055 | 0.074 | 0.641 | 0.125 | 0.224 | 0.305 | 0.676 | 0.031 | 0.172 | 0.645 | 0.127 |
| 允许公开实时定位或地址信息 | −0.035 | −0.091 | 0.277 | 0.544 | 0.195 | 0.071 | 0.460 | 0.619 | 0.078 | 0.343 | 0.572 | −0.025 |
| 允许使用定位信息以让对方推荐更合适的产品或服务 | 0.000 | 0.007 | 0.147 | 0.534 | 0.174 | 0.159 | 0.351 | 0.592 | 0.080 | 0.229 | 0.552 | 0.070 |
| 特征值 | | | | | 6.848 | 2.600 | 2.203 | 1.470 | 6.848 | 2.600 | 2.203 | 1.470 |

解释力提升至 62.48%。如表 24 所示,此时各测量题项变量的载荷量范围从 0.468 至 0.911,满足我们所设定的挑选标准,因此保留修改后的所有测量题项。

经验证后的测量模型中,中立消费阶段包含六个测量题项(Cronbach's $\alpha=0.84$),积极过滤阶段包含三个测量题项(Cronbach's $\alpha=0.91$),认知和情感加工阶段包含五个测量题项(Cronbach's $\alpha=0.88$),品牌支持阶段包含七个测量题项(Cronbach's $\alpha=0.93$)。我们将儿童在一个阶段内所有测量题项的值(数值范围从 0 至 4,标记依次为 0 从不、1 很少、2 有时、3 经常、4 总是)合并取平均值,为每个阶段得出一个综合数值。这四个阶段的均值分别为:中立消费 $M=1.04$ $(SD=0.73)$,积极过滤 $M=1.22(SD=0.99)$,认知和情感加工 $M=0.71(SD=0.79)$,品牌支持 $M=0.61(SD=0.74)$。从数值上看,儿童整体上对社交媒体广告的品牌参与程度较低。但是,鉴于前文对儿童社交媒体使用情况的分析结果,即 1/3 的样本很少使用社交媒体,并且大部分样本每次使用社交媒体的时间少于 40 分钟,所以虽然儿童参与广告和品牌的活跃程度较低,但这一程度是合理的。事实上,这一结果最有价值的地方不在于儿童对广告参与是否活跃,而在于它提供数据证明,9~15 岁的儿童已经充分参与了社交媒体广告和品牌的方方面面,或者说社交媒体广告和品牌已经充分融入儿童的网络社交生活中。

为了进一步比较儿童在不同阶段的广告参与程度是否有差异,我们在控制年龄和性别后,以参与阶段为自变量、参与程度为因变量进行协方差分析。结果显示统计差异显著,$F(3, 3654)=111.35, p<0.001$。同时,Tukey 的两两比较进一步揭示,任意一个阶段的参与程度和其他阶段的参与程度都有显著的区别,所有 $p<0.05$。其中,儿

童参与程度最高的是积极过滤阶段，参与程度最低的是品牌支持阶段。多项式比较分析也进一步揭示，儿童广告参与程度从最初的中立消费阶段到最后的品牌支持阶段呈现逐渐减少的趋势（负二次趋向 Contrast estimate＝－0.14，$p<0.001$）。这说明儿童在社交媒体广告的品牌参与过程中，主要还停留在较浅程度的认知活动上，包括点击、隐藏、关闭广告，决定是否为了消费广告而填写个人信息、允许 App/应用授权或公开实时定位，以及关注、点赞或收藏广告或与广告相关的社交媒体品牌主页、官方微博或品牌公众号。至于需要更丰富、更深层次的认知能力和情感投入的广告参与，诸如评论广告和品牌，参与品牌发起的营销活动，分享与广告或品牌相关的文字、照片或视频内容，以及分享自己的品牌体验，儿童的参与程度明显降低。这可能有几方面的原因，一是由于儿童认知和情感的发展规律和局限性，后两个阶段（即认知和情感加工阶段和品牌支持阶段）对儿童参与广告的能力提出了更高的挑战。二是参与后两个阶段需要参与者有足够的情感动机，包括广告营销活动是否有吸引力，参与者对品牌、品牌代言人的依恋和忠诚程度等。三是后两个阶段的参与内容会要求参与者投入更多的时间和精力，换句话说就是参与者是否有机会（时间、注意力、精力等）参与。根据广告信息加工理论（advertising processing frameworks），消费者的机会、能力、动机是消费者是否会进一步加工广告信息的关键因素（MacKenzie，Lutz，& Belch，1986；MacInnis & Jaworski，1989；Vakratsas & Ambler，1999）。在我们的研究背景下，这些因素也是儿童是否会进一步参与社交媒体广告和品牌互动的重要原因。

## （四）广告说服知识和广告参与的关系

在分析广告说服知识和广告品牌参与的关系前，我们先对广告说服知识的数据作相应的处理。针对每一种广告说服知识，我们将儿童在每一类社交媒体广告上的得分合并取平均值，由此得出每位儿童分别在广告识别（Cronbach's $\alpha=0.86$）、广告来源识别（Cronbach's $\alpha=0.95$）、广告目的理解（Cronbach's $\alpha=0.93$）、销售意图理解（Cronbach's $\alpha=0.93$）、说服意图理解（Cronbach's $\alpha=0.94$）、广告怀疑（Cronbach's $\alpha=0.95$）、广告反感（Cronbach's $\alpha=0.94$）和广告伦理态度（Cronbach's $\alpha=0.94$）上的综合值。这些值反应了儿童对所有类型的社交媒体广告的综合性的认识和理解。下一步，我们进行了四次多元分层回归分析。在每一次回归分析里，儿童的性别、年龄、社交媒体使用频率和每次使用时长、数字素养，以及对社交媒体广告的总体态度被作为控制变量放入回归方程式的第一层模型，儿童的广告说服知识作为自变量放入回归方程式的第二层模型，因变量则分别是广告参与的四个阶段。表 25 综合展示了分析结果，其中 $\beta$ 系数为标准化后的值。

**中立消费阶段** 模型 1 内的自变量对因变量变化的解释力为 6 个百分点，模型 2 内的自变量虽然只将解释力提高了 6 个百分点，但这一提升是显著的，$F(8, 900)=7.81$，$p<0.001$。结果显示，广告来源识别（$\beta=-0.19$，$p<0.001$）、广告销售意图理解（$\beta=-0.15$，$p<0.01$）和广告怀疑（$\beta=-0.26$，$p<0.01$）对中立消费阶段的广告参与有反作用。广告说服意图（$\beta=0.23$，$p<0.001$）和广告反感（$\beta=0.29$，$p<0.001$）对这一阶段的广告参与则起到正面的作用。此外，社交媒体使用频率越高的儿童和对社交媒体广告态度越正面的儿童，也越积极参与这一阶段的广告互动。

**积极过滤阶段** 模型 1 内的控制变量对因变量变化的解释力为 10%。模型 2 内的自变量为因变量变化提升了 5% 的解释力，$F(8,$

$900)=7.27$，$p<0.001$。由表 25 可见，广告来源识别（$\beta=-0.10$，$p<0.01$），广告怀疑（$\beta=-0.16$，$p<0.05$）和广告反感（$\beta=-0.27$，$p<0.001$）对积极过滤阶段的广告参与有负面的影响。广告伦理态度与这一阶段的广告参与的关系是正向的（$\beta=0.26$，$p<0.001$）。此外，年龄越大的儿童、数字素养越高的儿童、以及越喜欢社交媒体广告的儿童，他们对这一阶段的广告参与也越积极。

**认知和情感加工阶段** 模型 1 中的自变量对因变量的变化有 17% 的解释力，高于对前两个广告参与阶段的解释力。加入模型 2 的自变量后，解释力提升了 6%，$F(8，900)=8.61$，$p<0.001$。结果显示，广告来源识别（$\beta=-0.19$，$p<0.001$）和广告怀疑（$\beta=-0.34$，$p<0.001$）对认知和情感加工阶段的广告参与有反作用。广告目的理解（$\beta=0.09$，$p<0.01$）、广告说服意图理解（$\beta=0.10$，$p<0.05$）、广告反感（$\beta=0.20$，$p<0.01$）和广告伦理态度（$\beta=0.14$，$p<0.05$）对这一阶段的广告参与的影响是正向的。同时，年龄越小、数字素养越低、经常使用社交媒体以及对社交媒体广告越有好感的儿童，也越积极参与这一阶段的广告和品牌互动。

**品牌支持阶段** 模型 1 中的自变量对因变量变化的解释力为 15%，模型 2 中的自变量仅将解释力提高了 2%，$F(8，900)=2.78$，$p<0.01$。如表 25 所示，所有广告说服知识中，对品牌支持阶段有显著影响的只有广告来源识别（$\beta=-0.09$，$p<0.01$）和广告反感（$\beta=-0.20$，$p<0.01$）。此外，性别和年龄也有显著的影响，男童和年龄较大的儿童会比较少参与这一阶段的广告互动。同其他阶段一样，对社交媒体广告的态度也正面影响着这一阶段的广告参与。

除此之外，我们还进行了额外的分析，即分析儿童社交媒体广告说服知识和品牌购买意愿的关系，因为品牌购买意愿是现有文献中

表 25　广告说服知识影响广告参与和品牌购买意愿的多元分层回归分析

| | | 中立消费阶段 | | 积极过滤阶段 | | 认知和情感加工阶段 | | 品牌支持阶段 | | 品牌购买意愿 | |
|---|---|---|---|---|---|---|---|---|---|---|---|
| | | β | t | β | t | β | t | β | t | β | t |
| 模型1 | 性别 | 0.01 | 0.39 | 0.02 | 0.54 | −0.04 | −1.15 | −0.12 | −3.79*** | −0.17 | −5.52*** |
| | 年龄 | −0.07 | −1.67 | 0.17 | 4.54*** | −0.33 | −9.02*** | −0.28 | −7.57*** | −0.20 | −5.28*** |
| | 数字素养 | −0.01 | −0.28 | 0.14 | 3.79*** | −0.11 | −3.26*** | −0.04 | −1.14 | −0.01 | −0.19 |
| | 社交媒体使用频率 | 0.19 | 5.31*** | −0.01 | −0.33 | 0.07 | 2.08* | 0.03 | 0.95 | 0.05 | 1.38 |
| | 社交媒体使用时长 | −0.07 | −2.02* | 0.07 | 2.10* | 0.01 | 0.43 | 0.01 | 0.41 | 0.14 | 4.19*** |
| | 社交媒体广告态度 | 0.18 | 5.31*** | 0.16 | 4.89*** | 0.14 | 4.48*** | 0.19 | 5.92*** | 0.15 | 4.74*** |
| | | $R^2$=0.06, F=10.00*** | | $R^2$=0.10, F=17.52*** | | $R^2$=0.17, F=31.82*** | | $R^2$=0.15, F=26.22*** | | $R^2$=0.14, F=24.68*** | |

续表

| 模型2 | | 中立消费阶段 | | 积极过滤阶段 | | 认知和情感加工阶段 | | 品牌支持阶段 | | 品牌购买意愿 | |
|---|---|---|---|---|---|---|---|---|---|---|---|
| | | $\beta$ | $t$ | $\beta$ | $t$ | $\beta$ | $t$ | $\beta$ | $t$ | $\beta$ | $t$ |
| | 性别 | 0.05 | 1.63 | 0.03 | 0.86 | 0.00 | 0.15 | -0.11 | -3.39** | -0.10 | -3.88*** |
| | 年龄 | -0.04 | -0.99 | 0.19 | 4.70*** | -0.28 | -7.34*** | -0.25 | -6.42*** | -0.26 | -8.44*** |
| | 数字素养 | -0.01 | -0.31 | 0.13 | 3.23** | -0.11 | -2.96** | -0.01 | -0.27 | -0.06 | -2.06* |
| | 社交媒体使用频率 | 0.21 | 5.86*** | 0.00 | 0.09 | 0.10 | 2.95*** | 0.04 | 1.25 | 0.02 | 0.76 |
| | 社交媒体使用时长 | -0.06 | -1.68 | 0.02 | 0.46 | -0.01 | -0.35 | -0.02 | -0.59 | 0.07 | 2.72*** |
| | 社交媒体广告态度 | 0.16 | 4.45*** | 0.14 | 4.15*** | 0.12 | 3.82*** | 0.17 | 4.91*** | -0.02 | -0.85 |
| | 广告识别 | 0.05 | 1.27 | 0.03 | 0.75 | -0.06 | -1.73 | -0.01 | -0.17 | -0.03 | -1.03 |
| | 广告来源识别 | -0.19 | -5.34*** | -0.10 | -2.81** | -0.19 | -5.69*** | -0.09 | -2.71** | -0.01 | -0.22 |
| | 广告目的理解 | 0.04 | 1.08 | 0.03 | 0.79 | 0.09 | 2.70** | 0.03 | 0.79 | 0.01 | 0.37 |
| | 广告销售意图理解 | -0.15 | -3.27** | 0.05 | 1.05 | -0.06 | -1.29 | 0.04 | 0.97 | 0.03 | 0.85 |
| | 广告说服意图理解 | 0.23 | 4.62*** | -0.06 | -1.3 | 0.10 | 2.13* | -0.00 | -0.05 | 0.27 | 7.09*** |
| | 广告怀疑 | -0.26 | -3.19** | -0.16 | -2.05* | -0.34 | -4.49*** | 0.09 | 1.11 | -0.09 | -1.51 |
| | 广告反感 | 0.29 | 4.01*** | -0.27 | -3.84*** | 0.20 | 2.93** | -0.20 | -2.88** | -0.42 | -7.68*** |
| | 广告伦理态度 | 0.01 | 0.11 | 0.26 | 3.82*** | 0.14 | 2.06* | 0.08 | 1.22 | 0.06 | 1.09 |
| | | $R^2=0.12$, $F=9.01$*** | | $R^2=0.15$, $F=7.27$*** | | $R^2=0.23$, $F=19.47$*** | | $R^2=0.17$, $F=13.00$*** | | $R^2=0.50$, $F=63.30$*** | |

\* $p<0.05$
\*\* $p<0.01$
\*\*\* $p<0.001$

95

评估儿童广告说服知识效果的最常用也是最关键的因变量。使用上述同样的多元分层回归分析,我们的数据结果显示,模型 1 中的控制变量为因变量的变化提供了 14% 的解释力。加入有关广告说服知识的自变量后,解释力迅速提高了 36%,也即模型 2 的解释力达到了 50%,$F(14, 900) = 63.30$,$p < 0.001$。其中,广告说服意图理解($\beta = 0.27$,$p < 0.001$)和广告反感($\beta = -0.42$,$p < 0.001$)对品牌购买意愿有显著的影响,且效应量较大。然而,与理论预测和现有研究不一致的是,广告说服意图理解的影响是正向的。此外,女童($\beta = -0.10$,$p < 0.001$)、年龄较小的儿童($\beta = -0.26$,$p < 0.001$)、数字素养越低($\beta = -0.06$,$p < 0.05$)或社交媒体使用时间越长的儿童($\beta = 0.07$,$p < 0.01$),他们有更积极的品牌购买意愿。

# 六、研究 1:研究讨论

以上数据的分析结果为我们回答了本研究最早提出的两个问题:
1. 在社交媒体广告向儿童传播的过程中,儿童是如何理解其广告意图并参与其中的? 2. 儿童对广告的理解又如何影响他们的广告参与? 针对社交媒体广告说服知识,我们基于现有文献的理论和发现,向受试者展示了七种最常见的社交媒体广告类型,并测量了概念性、态度性和伦理性共八种类型的广告说服知识。针对社交媒体广告参与,我们操作化定义了社交媒体广告品牌参与四阶段的理论模型,并测量和验证了我们所提出的测量模型。

基于儿童对社交媒体广告说服知识的分析,本研究得出以下几点结论。

(1)从概念性广告说服知识来看,儿童总体上对社交媒体广告的识别能力较高,但是对广告来源的识别只是略高于机会水平。儿童对广告目的的理解也非常有限,甚至未达到信息性理解的程度。广告目的、广告销售意图和广告说服意图这三者的数据结果比较一致,即儿童对社交媒体广告是否具有销售意图和说服意图不确定,说明他们虽然能识别出社交媒体广告,但并不理解广告的本质。从态度性广告说服知识来看,儿童对社交媒体广告抱有一定的反感态度,也即他们在对社交媒体广告在有用性和个人喜好方面持有一定的否定意见。然而,对于社交媒体广告是否可信,他们的态度是模糊而不确定的。从伦理性广告说服知识来看,儿童也持有中立意见,他们无法明确判断在社交媒体上向受众推送广告是否恰当,以及这些广告的内容是否公正且符合道德标准。

(2)对于不同类型的社交媒体广告,儿童对其理解程度在不同的广告说服知识方面也有一定程度的差异,但是其中并无清晰的规律可循。从整体上看,儿童对新产品展示、现有产品展示、抽奖活动以及优惠促销活动有相对较高的广告辨识力、广告意图的理解力和广告批判态度,原因很可能是这些类型的广告在日常生活中最常见,且消费者与这类广告的参与度最高。因此,这些广告也较容易被消费者理解为是一种商业行为。

(3)年龄与儿童广告说服知识的关系是本研究最有趣的发现之一,其主要表现在以下两方面。首先,虽然儿童的广告识别能力和广告来源的识别能力都随着年龄的增长而提升,但儿童对广告销售意图和说服意图的理解并没有随着年龄的增长而呈现出显著的变化。这一结果与现有的有关儿童对传统广告和网络广告的广告说服知识的研究发现不一致。儿童能识别出广告,但却不确定其是否具有商业意图,一方面的原因很可能是儿童对广告只知其名而不知其本质内涵,这说明儿童欠缺全面而系统的广告知识,其对广告的认知也是片面的。另一方面,这也证实了理解广告销售意图和理解广告说服意图是比识别广告更高一级的认知能力(Lapierre,2015)。而且,根据心智理论,儿童心智的发展对儿童销售意图理解和说服意图理解的影响,要远超年龄和语言能力对这两种说服知识的影响(Lapierre,2015)。Uribe 和 Fuentes-Garcia(2017)在对比儿童对传统电视广告和植入广告的广告说服知识的研究中发现,虽然儿童在 12 岁左右便能识别出电视广告的说服意图，但是直到 15 岁才对植入广告有接近于说服意图的理解。与传统广告相比，社交媒体广告在商业说服与娱乐信息的边界游走，广告信息具备了娱乐性、植入性和社交性的特征，广告界限愈加模糊，因此，社交媒体广告的商业意图只会比传统广告更不容易被识别和理解。本研究的数据结果说明，即便是 14～15 岁的儿童，其对社交媒体广告说服意图的理解也是相当有限的。更确切地说，他们对社交媒体广告的理解程度还局限于信息性理解。

此外一个有趣的发现是，儿童对社交媒体广告的怀疑态度和反感态度以及对广告的伦理态度随着年龄的增长反而呈现下降的趋势。换句话说，虽然儿童的广告识别率随年龄有所提升，但他们对广告的批判性态度却减弱了。这与说服知识模型中的分离效应假设是不一致的，因为该假设指出，广告识别会引发分离效应，并进一步导致对广告怀疑和对广告负面态度的提升（Wright et al.，2005）。这里的原因也可能是社交媒体广告巧妙地模糊了说服和娱乐的边界，虽然儿童能识别出是广告，但广告所带来的价值，包括其实用性、娱乐性和社交性等，弱化了受众对其说服意图的偏见，而年龄越大的儿童越能分析和判断这种价值，因而在态度上对这些广告信息也就更加宽容、友好和信任。不过我们也看到，9 至 10 岁的儿童对不同类型的社交媒体广告在广告说服理解和批判态度上没有显著的区别，而 11 岁及以上的儿童对不同类型的广告则表现出一定程度的理解性差异和态度性差异，这其实从另一个角度也说明，儿童的广告说服知识实际上是随着年龄的增长而逐渐增强的。在消费者社会化的过程中，年龄的增长在一定程度上意味着儿童在大脑认知功能和执行功能方面的改进和成熟（即认知发展模型），也意味着他们拥有更多的日子去接收来自社会因素的影响（即社会学习模型），从而形成独特的、与消费相关的知识、技能和态度(John 1999；Moore & Moschis，1980)。

基于对儿童参与社交媒体广告互动的模型数据的分析，我们看到，9 至 15 岁的儿童已经广泛参与到与社交媒体广告和品牌的互动中。一方面，广告作为社交媒体上最主要的媒介内容之一，它是儿童消费者社会化的重要中介。儿童能够在与广告和品牌的互动中习得相应的消费知识、消费态度以及消费技能和行为，从而推动个体的社会化发展。我们的数据显示，虽然儿童的广告参与程度不高，但整体上对广告参与的四个阶段都有相应的体验。其中参与较多的是中立消费阶段和积极过滤阶段。在中立消费阶段，儿童习得如何通过点击、隐藏、关闭广告以及公开定位和应用授权来表达对广告的关注和兴趣；在积极过滤阶段，儿童对广告和品牌的积极情感倾向则通过关注，点赞，收藏广告或与广告相关的社交媒体品牌主页、官方微博或品牌公众号得到了进一步的表达。虽然儿童在认知和情感加工阶段以及品牌支持阶段参与较少，但参与过的儿童能通过加入品牌发起的营销活动，讨论和分享与广告或品牌相关的文字、照片或视频内容，从而获得更深刻的品牌体验。另一方面，社交媒体广告参与作为儿童对广告的回应方式，它也被看作儿童消费者社会化的一种表现。儿童是否积极参与社交媒体广告中的品牌互动以及如何参与，都会受到个人及方方面面的社会化因素的影响。在这些因素中，我们重点考察了儿童的社交媒体广告说服知识是如何影响儿童的这种广告参与。这一问题的答案是对现有关于儿童广告说服知识的理论和相关研究的进一步拓展，能够帮助我们深入理解广告说服知识在广告与儿童消费者社会化过程中所扮演的角色，以及我们应该如何通过干预儿童的广告说服知识或提高儿童的广告素养来规范儿童的广告参与，以促进他们成长为健康的消费者。

通过研究数据分析我们看到,儿童的广告说服知识对儿童参与社交媒体广告互动有显著的、综合性的影响,同时分析结果主要呈现以下几个特征。

首先,不同类型的广告说服知识在不同阶段的广告参与中所扮演的角色不同。例如,广告识别对儿童参与社交媒体广告的品牌互动没有任何影响,而广告来源识别的影响却是全面的,它对我们所提出的四个阶段的广告参与都起到了明显的分离效应。越能识别出广告信息来源是品牌方或广告主的儿童,他们参与任何一个阶段的广告互动的可能性就越小。说服知识模型假设广告识别将带来分离效应并得到了现有研究的支持(An et al., 2014),但本研究的数据并不支持这一假设。在本研究中,广告来源识别是这一效应的关键自变量。不过,过去有关儿童广告说服知识的研究在测量广告说服知识时很少有包含广告来源识别这一变量,将来的研究可以测量广告来源识别以进一步厘清它对儿童广告参与的作用。另一方面,儿童对广告销售意图的理解只影响他们在中立消费阶段的广告参与。也就是说,对销售意图的理解只会决定儿童是否点击广告、填写个人消费信息、使用 App 等应用授权以及使用实时定位或地址信息等。对广告销售意图的理解并不影响儿童对社交媒体广告的情感倾向(积极过滤阶段)、对广告和品牌在认知上和情感上的投资(认知和情感加工阶段)以及对品牌的忠诚(品牌支持阶段)。这说明,儿童对销售意图的理解只会影响他们浅层次的广告认知活动。当广告参与被赋予了深层次的认知信息加工和情感投入,其参与的形式和参与的内容已不再受到儿童是否理解广告销售意图的调节。

其次,儿童的社交媒体广告说服知识对儿童广告参与的影响是复合性的。通过描述说服双方如何互动,说服知识模式呈现了一个人对说服的理解是如何影响实际的说服过程,以及他/她对所面临的说服企图的回应(Friestad & Wright,1994)。根据这一模型,说服知识使得说服对象能够识别、分析和评价说服企图,并选择和使用其所认为有效且适当的应对策略。过去对儿童广告说服知识的研究,其理论假设大都遵循这样一个逻辑,即说服知识的提高会使得说服对象忽视或反驳其所认为误导或欺骗的主张,以应对当前的说服事件(Hudders et al.,2016;Moses & Baldwin,2005;Rozendaal et al.,2011)。按照这个逻辑,儿童在任何一种说服知识上的进步应该或多或少能提高他们对广告的防御,进而反驳广告说服企图。换句话说,儿童的广告说服知识和他们对广告企图的回应通常被假定是一个消极的关系(或反面/负面的关系,negative effects),而这种关系在过去的研究中也得到了许多支持(例如 Panic et al.,2017;Rozendaal et al.,2013;van Reijmersdal et al.,2017)。然而,这些研究也许过分强调了说服知识的这种消极作用。根据完整的说服知识模型,说服对象对说服企图的应对目标不会只是一味地抵制,而更多的是有关说服对象的自我控制和其自身所具备的能力(Friestad & Wright,1994;Ham et al.,& Das,2015)。也就是说,说服知识确实是一种有效的应对说服企图的防御机制,但其防御的结果不一定是对说服中介的忽视、否定或反驳。

从我们的数据可见,说服知识对广告参与的影响不全是消极的。也就是说,儿童并没有因为具备较高的社交媒体广告说服知识,而全盘抵制广告参与。结果显示,儿童对广告说服意图的理解对中立消费阶段及认知和情感过滤阶段的广告参与反而起到了促进作用。与之相对应,儿童对广告目的的理解越成熟,他们也越积极地参与到认知和情感过滤阶段的广告互动中去。与此同时,这种促进作用也体现在说服意图理解对品牌购买意愿的影响上。除了以上两种广告说服知识，儿童对广告的反感也在这两个阶段的广告参与中反其道地扮演着积极的角色。不过与过去研究发现一致的是，广告反感对品牌购买意愿的影响是消极的，即越不喜欢社交媒体广告且否定其用处的儿童，越不愿意购买广告中的品牌或产品。广告反感在积极过滤阶段和品牌支持阶段的广告参与中也起到了反面的作用。可见，在我们的研究中，广告说服知识对广告参与的影响是复合性的，而不是现有文献中通常假设的消极影响。

产生这种复合性影响可能有以下一些原因。

一，我们测量的是社交媒体广告的品牌参与，它在当前的研究中不是一个类似品牌购买意愿的单一维度的变量，而是一个复杂的概念，由多个维度构成，并且每个维度的测量包含了丰富的广告互动形式。正因为广告参与是这样一个复杂的因变量，广告说服知识和广告参与之间的关系也必然会错综复杂。换句话说，我们不能简单地推断，说服知识将带来分离效应，由此使得说服对象对所有广告互动形式都产生负面态度和抵制行为。

二，在说服知识的影响下，抵制广告只是其中一种针对说服企图的应对策略。儿童由于自身认知和心智发展局限，没有能力思考或无法深入思考，其很可能会使用 Friestad 和 Wright（1994）所提出的"如果一那么"思考路径（if-then heuristics）。例如，如果这条信息是广告，那么它就是不好的，需要抵制。这一思考方式类似于"执行意愿"（implementation intention）（Gollwitzer，1999）这一概念，其核心表达公式就是"如果情境 x 发生，那么我将以这种方式（即有助于实现我目标的方式）回应"。这是一种无需经过大脑思虑的非常简单、机械性且无意识的思考和问题决策方式。在这种思考方式的影响下，选择抵制广告顺其自然，因为它符合人"抗拒"的天性。根据抗拒理论

(reactance theory)，当一个人感受到其选择受到了威胁，他/她会获得一种所谓"抗拒"的感受，这种感受会促使其坚持自己的选择，以此证明他/她没有妥协（Brehm 1966）。抗拒是面对说服企图时最常见、最自然且最无意识的一种反应。然而，另一方面，Friestad 和 Wright（1994）在对说服过程的深入阐述中也指出，一个成熟的说服对象在说服过程中，除了会评估说服中介外，还会评估自我心理、对营销手段的看法、对自身应对策略的看法以及对自己应对目标的看法等等。这些因素共同决定了说服对象对广告和品牌的回应。显然，广告说服知识水平越高的儿童，其越可能综合性地进行以上方面的评估，从而得出最适合当下的广告回应策略。比较不同类型的广告说服知识，诸如对广告说服意图的理解和对广告伦理的理解，这些都是需要有较高的认知发展能力和心智能力才能掌握的说服知识（Lapierre，2015）。说服知识模型认为，对于成熟的说服对象来说，其在面对说服企图时所使用的应对策略更多的是有关于自我控制和自身所具备的能力，由此所使用的应对策略会更加多元，甚至有可能更加积极地拥抱广告、参与广告。

三，在前文的论述中我们已多次提到，社交媒体广告与传统广告最大的区别就是前者充满了娱乐性和社交性，这些广告通过沉浸式的广告策略使得说服对象在与广告的互动中其大脑认知资源被不断消耗。在这种情况下，就算说服对象具备较好的广告说服知识，他/她也很难有能力（例如认知被消耗）、有动力（例如被广告深深吸引）和有机会（例如广告是沉浸式的且持续不断的，儿童无法获得停顿思考的时间）去有效执行这些知识以应对广告说服。正如 Hudders 等人（2017）所提议的，广告说服知识应当区分为素质性广告说服知识和情景性广告说服知识，前者指消费者所掌握的广告相关的知识和技能，后者指消费者面对广告时的批判反思能力及激活、应用素质性广告说服知识的能力。拥有素质性广告说服知识的儿童不一定拥有情景性广告说服知识，更何况社交媒体广告所具备的那些独特特征会进一步妨碍情景性广告说服知识的执行。

当前数据分析结果的最后一个特征是，无论是对广告参与还是对品牌购买意愿，态度性广告说服知识（即广告怀疑和广告反感）比概念性广告说服知识（即广告识别、广告来源识别、广告销售意图理解和广告说服意图理解）的影响更显著，其具体表现在影响的范围和影响的效应量上。这些结果与现有的关于儿童广告说服知识的研究发现一致，即在包括社交媒体广告在内的植入广告的环境里，儿童的态度性广告说服知识是决定儿童广告应对策略的更重要的因素。因此，将来对儿童广告素养的培养和训练就可以将重点放在态度性广告说服知识上。

作为第一个关注儿童社交媒体广告说服知识和广告参与、关注社交媒体广告说服知识如何影响广告参与的研究，以上研究成果为所在领域的理论、为广告与儿童发展的实践提供了最新的数据背书和研究启示。

# 第二部分

## 父母和同伴作为儿童消费者社会化的中介

# 一、父母管教

　　消费者社会化研究的主要关注点就是解释儿童在一个社会文化的环境中如何通过与各种各样的社会化中介互动而成为一名消费者（Moschis & Churchill, 1978）。在这些消费者社会化中介中，家庭是首要和第一个社会化中介（Socha & Diggs, 1999）。儿童世界中的社会化中介包括从家庭到其他人为和非人为的影响，诸如同伴和熟人，工作场所和工作活动，大众传媒和新媒体等（Buzzanell, Berkelaar, & Kisselburgh, 2012）。但在各种社会化中介中，父母是儿童社会化发展中最有影响力的人（Carlson, Grossbart, & Stuenkel, 1992；Chan & McNeal, 2013；Cram & Ng, 1999；Sonck, Nikken, & de Haan, 2013；Tarabashkina, Quester, & Crouch, 2017），并且获得了学者们最多的关注（Carlson & Grossbart, 1988；Carlson, Laczniak, & Wertley, 2011；Dotson & Hyatt, 2000；Gentile, Nathanson, Rasmussen, Reimer, & Walsh, 2012；Mikeska, Harrison, & Carlson, 2016；Yu, 2011）。这是因为，第一，父母对儿童行为的影响从儿童出生的那一刻便开始了（Buijzen & Valkenburg, 2005）。父母和孩子是一个交织在一起的生物系统的一部分，这个系统支持了儿童的社会化过程，而且父母通常会受到这一强烈生物纽带的驱动，去主动应付和调解儿童在面临社会需求和新情况时所展现出来的行为

(Bugental & Grusec，2006)。第二，在大多数社会中，父母是儿童最主要的看护者，他们会通过各种方式，诸如分享消费经验、讨论消费以及制定规则来控制孩子花钱等，教育自己的孩子如何理解市场并扮演好消费者的角色（Caruana & Vassallo，2003；John，1999）。他们也会通过教育孩子在社会中什么是可接受的或不可接受的以及如何处理社会需求来帮助孩子逐渐社会化。第三，儿童热衷于使用媒介，而父母的主要任务之一就是引导儿童的媒介使用。父母能够通过监督和指导孩子与其他社会化中介（例如孩子的同伴、大众媒体）的互动来调节后者对孩子的影响，以调整儿童的社会化方式（Bettany & Kerrane，2016；Shin & Ismail，2014）。由此，从传播学研究伊始，学者们就对父母为减轻媒介对孩子产生负面影响所作出的努力产生了兴趣（Barcus，1969；Brown & Linne，1976；Hochmuth，1947；Mcleod，Fitzpatrick，Glynn，& Fallis，1982；Schramm，Lyle，& Parker，1961）。从那时起，学者们就开始建议父母要限制孩子的电视观看时间（Maccoby，1954），警惕观看电视会导致儿童更加渴望广告产品（Burr & Burr，1976；Caron & Ward，1974），提醒父母他们是孩子在社会化过程中学会使用媒介的最重要的行为榜样（Banks & Gupta，1980；Webster，Pearson，& Webster，1986）。

为了帮助孩子完成正确的社会化，父母通常会使用各种各样的管教策略，诸如同孩子讨论、谈心，强化正确的行为，制定规则，做孩子的榜样等等。拿媒介来说，父母也会想办法调解和管理孩子和媒介的互动，方法可能包括制定规则以控制孩子在使用媒介时所接受的内容和使用媒介的时长，同孩子讨论媒介中可能包含的不良内容和应该如何正确消费媒介，以及不用命令或谴责的方式同孩子分享自己的媒介使用经验等（Cram & Ng，1999）。长期的研究表明，父母的监督和引导在儿童理解和消费媒介内容上扮演了重要的角色并带来了积极的效果,例如减少了个人隐私泄漏的风险,降低了曝光于少儿不宜的媒介内容前的机会,以及提高了对媒介内容的理解等(Buijzen & Valkenburg, 2003, 2005; Fujioka & Austin, 2003; Lee & Chae, 2007; Lwin, Stanaland, & Miyazaki, 2008; Youn, 2008)。父母正确的行为和互动调解也确实能够缓解媒介内容曝光给孩子带来的不良后果(Buijzen, Rozendaal, Moorman, & Tanis, 2008; Buijzen & Valkenburg, 2005; Gentile et al., 2012; Vanwesenbeeck et al., 2016)。

这种父母在管理和规范自己孩子的媒介体验中所扮演的积极角色逐渐被学者们用"父母调解"(parental mediation)这一概念来表达。确切地说,父母调解被定义为一系列的策略,父母使用这些策略来加强媒介给孩子带来的好处,同时减少媒介风险或潜在的负面影响(Kirwil, 2009; Shin & Huh, 2011; Zaman et al., 2016)。父母调解这一概念实际上从20世纪80年代就已开始使用(Dorr, Kovaric, & Doubleday, 1989; Kay, 1979; Lin & Atkin, 1989; Logan & Moody, 1979; Nathanson, 1999; Valkenburg, Krcmar, Peeters, & Marseille, 1999),尤其是当时的美国社会放宽了对媒介的管制,且对儿童电视节目的标准也更加宽松(Mendoza, 2009),因此关注点就放在了父母该如何调解儿童的媒介曝光。父母管教理论尝试理解父母调解的策略并将其理论化,以便更好地知会父母、教育工作者和政策制定者。

综上,作为儿童消费者社会化研究的一部分,父母管教研究呈现了父母使用各种策略来监督和控制儿童的媒体使用,进而增强或缓解媒介对儿童所起的作用。然而,这一领域至今仍有许多未知的方向需要我们深入探索。

首先,父母管教的策略方式多样(我们将在下一章进行理论梳理),现有文献发现并不是很明确在何种情况下、在多大程度上父母会使用每一种策略。例如,在荷兰的调查研究发现,2~12岁儿童的父母最常使用监督的方式来调解儿童使用网络(Nikken & Jansz,2014),而9~16岁儿童的父母对孩子上网则偏好使用主动安全干预的方式(Sonck et al.,2013);美国青少年的父母使用监控管理的策略是使用限制管理策略的两倍(Khurana, Bleakley, Jordan, & Romer,2015),而英国未成年儿童的父母经常使用管教孩子看电视的策略来对付他们的上网问题(Livingstone & Helsper,2008);在新加坡,小学一到六年级儿童的父母偏好使用更简单、更直接的方式管理小孩上网(Shin & Li,2016),但针对玩网络游戏的孩子,父母面对新媒体所带来的挑战,其管教方式已比原来管教孩子使用传统媒体(例如电视媒体)有与时俱进的提升(Jiow, Lim, & Lin,2017)。与此同时,不少研究发现很多父母会低估媒介对自己孩子的影响,并且认为自己的孩子比别人的成熟,因而减少某些类型的媒介管教方式(Livingstone & Helsper,2008;Meirick, Sims, Gilchrist, & Croucher,2009;Nathanson, Eveland, Park, & Paul,2002)。因此,研究父母管教方式必须考虑其发生的语境。

其次,现有文献中的每一个研究都关注于某一特定年龄组的儿童。因此,对于不同年龄阶段的儿童,其父母更常用哪些管教方式也无统一定论。研究发现,年龄越小的儿童其在社会化方面越容易受到父母的影响(Grusec & Davidov,2007),青春期的儿童则更倾向于花费更多的时间和精力与同伴互动及互相模仿(Shin & Lwin,2016),这些"大"儿童认为不需要(Bocking & Bocking,2009)而且也不太容易接受父母管教（Nathanson，2001；Opgenhaffen，Vandenbosch，Eggermont，& Frison，2012）。但也有证据显示,父母对青春期儿童的干预效果也是显著的。例如,父母和孩子常常讨论并一起上网会正面影响高中生对网络营销信息收集这一行为的隐私担忧（Shin & Kang，2016；Youn，2008）；父母积极介入青春期儿童的上网行为可以减少后者在网上透漏个人信息（Lwin et al.，2008），父母限制青春期儿童与网上同伴的交流可以有效降低他们与网络陌生人接触的风险（Livingstone & Helsper，2008）。

再次,在父母和儿童社会化的研究领域,虽然近十年来有越来越多的研究开始关注父母的广告说服知识（Evans & Hoy，2016），对广告的态度（Evans，Carlson，& Hoy，2013；Joyce，Mehta，& Coveney，2010），以及对面向儿童的广告的理解和回应（Cornish，2014；Evans，Hoy，& Childers，2018），但鲜有研究考察过父母如何调解广告对儿童所起的作用以及父母的调解方式如何影响儿童对广告的关注、理解和回应（Terlutter & Capella，2013；Vanwesenbeeck et al.，2016）。

最后,现有关于父母管教儿童和媒介关系的研究大多来自于西方社会,很难确定这些研究的结果是否也适用于东方社会,因为东西方社会植根于不同的文化价值观（Hofstede，1979，1984），这些价值观势必会影响父母养育孩子的方式。所以,虽然至今已积累了不少有关父母影响孩子媒介社会化的研究,但实际上我们并不十分清楚东方的家长作为家庭影响的关键主体,是如何帮助自己的孩子实现消费者社会化、成为消费社会的一名有机成员。尤其在父母如何影响孩子对广告的理解和回应这一社会问题上,尽管非常重要,却少有研究。因此,我们有必要对以上问题进行深入分析和探讨。

在下面的章节中,我们首先将对现有文献中五种最经典的有关父母管教方式的理论进行简要梳理和介绍。接着,我们会阐述现有文献中,尽管研究非常有限,有关父母本人的广告说服知识以及对广告的观念和态度。我们还会简要讨论东西方社会在文化价值上的差异,以及可能对父母养育孩子造成的潜在性影响。

# 二、父母管教方式理论梳理

## (一)父母调解策略

父母调解策略(parental mediation strategy)是父母管教理论中最早提出且最广泛使用的理论之一,其植根于媒介效果和信息加工理论以及人际传播理论,指的是父母为减轻媒介对孩子的负面影响而采取的人际互动策略(Warren,2001)。父母调解理论认为,亲子间发生的与媒介相关的沟通行为会影响孩子的媒介社会化过程,而媒介所起作用的大小受到父母在多大程度上参与监督和控制孩子媒介使用的影响(Mesch,2009)。该理论在最初就将父母的调解行为分为三种形式:一是积极调解(active mediation),指亲子之间讨论和解释有关媒介及其使用,以帮助孩子正确地消费媒介内容(Chakroff & Nathanson,2009)。在广告上,积极调解可以是在使用媒介(如观看电视)期间或之后积极主动地与孩子谈论广告的本质和意图、解释媒介广告的内容(例如哪些是现实或不现实的,哪些是好的或坏的)等。不过,由于积极调解这一术语无法精确表达亲子间对谈的具体的目的,不少学者使用了"教育性"(instructive)调解、"评价性"(evaluative)调解和"解释性"(interpretive)调解等术语来进一步明确和细分具体的积极调解方式所要表达的含义(Eastin,Greenberg, &

Hofschire，2006；Kirwil，2009）。二是限制性调解（restrictive mediation），指父母为媒介消费制定家庭规则或范围，以控制或限制孩子的媒介曝光时间、曝光量和曝光内容（Austin，Bolls，Fujioka，& Engelbertson ,1999；Robinson，Saphir，& Kraemer，2001）。广告方面，限制型调解的父母会减少孩子暴露于广告的机会。三是共用性调解(co-use mediation)，指父母与孩子共同使用媒介（例如共同观看电视，共同玩网络游戏），但不参与任何与媒介内容相关的指导或讨论。Nathanson（2001）认为共用性调解是无目的性调解（unfocused mediation)的表现形式之一 ,后者指父母对孩子使用媒介行为的随意的、放松的态度和风格。然而在很多研究里，共用性调解和积极调解的界限并不清晰，父母在共用媒介时常会自然而然地向孩子提出自己的看法或意见，而意见分享是积极调解的主要特征（Mendoza，2009）。共用性父母调解被一些学者认为是一种有效的调解方式，因为父母与孩子共同使用媒介能够增进亲子间的亲密感，孩子在这个过程中相较独自使用媒介能够习得更多人际关系的经验（Nathanson，1999；2001）。不过和其他两种调解方式相比，共用性调解的效果并未得到强有力的证实（Nathanson，2001；Valkenburg，Piotrowski，Hermanns，& de Leeuw，2013）。此外，共用性调解不是太有可能发生在互联网使用上，因为个体通常使用电脑或手机单独上网(Shin & Ismail，2014)，并且这一类型的父母调解在以广告为背景的研究当中也很少见(Vanwesenbeeck et al. ，2016)。

至于哪一种类型的父母调解策略更有效果，总的来说，积极性调解被认为比限制性调解更能有效地减少媒介对儿童的不良影响（Valkenburg et al. ，2013）。这是因为积极性调解是基于亲子之间有针对性和批判性的讨论，它比限制性调解更能培养孩子的批判性思维和技能(Buijzen & Valkenburg，2003；Fujioka & Austin，2003)。从广告说服知识来看，Bijmolt、Claassen 和 Brus (1998)发现积极性调解能提高儿童对广告的理解，而限制性调解则起到了截然相反的效果。此外，虽然限制性调解比共用性调解更能起到积极的作用(Nathanson，1999)，尤其能有效减少儿童暴露于风险中(Mesch，2009)，但太多的限制也有可能起到反作用(Lwin et al.，2008)，例如对父母产生厌恶、会与同伴一起观看被限制的媒介内容等(Nathanson et al.，2002)。

以上三种父母调解策略源自电视媒介时代。在数字媒介时代，学者们一方面沿用了这一研究成果并应用于网络和视频游戏研究，识别出与不同策略相对应的网络和游戏活动调解(例如 Eastin et al.，2006；Jiow et al.，2017；Shin & Huh，2011；Shin，Huh，& Faber，2012；Shin & Li，2016)，另一方面结合数字媒介的使用背景，对父母调解类型及其效果进行了更完整的探讨。例如，通过对欧洲 25 个国家 9 至 16 岁儿童的调研，欧盟儿童在线(EU Kids Online)组织在此三种父母解调策略之上识别出更加细分的五种调解策略，分别是积极调解网络使用(active mediation of Internet use)(包括积极讨论和/或分享网络活动)、积极调解网络安全(active mediation of Internet safety)、限制性调解(restrictive mediation)、技术控制(technical controls)(指运用各种技术工具对孩子在网上接触的内容进行过滤)和监控(monitoring)(指在孩子上网后对其在线活动进行检查)(Livingstone et al.，2011)。研究者将这五种调解策略应用在对英国 9 至 19 岁青少年的调查中，他们发现在网络环境下父母更常使用限制性调解，且技术手段控制也变得更加普及(Livingstone & Helsper，2008)。从以上五种调解策略中我们也发现，共用性调解不复存在。

学者们认为,有别于电视时代,积极性调解和共用性调解的区别在网络时代变得愈加模糊,这是因为父母与孩子在共同使用电脑或手机时会比一起观看电视更容易产生社会互动(例如讨论选择什么内容、点击哪里)(Troseth, Russo, & Strouse,2016)。

除此之外,Livingstone 等人(2017)在最新的研究中发现,上网既存在风险也存在无限的正面机会。对于具备一定数字素养的父母和孩子来说,使用授权型介入(enabling mediation,即综合以上五种调解策略中的积极调解网络使用、积极调解网络安全、技术控制和监控四种调解方式)可以帮助孩子增加拥抱数字世界的机会,且机会大过风险;而对于数字技能较低的父母和孩子来说,使用限制性调解可以减少网络风险、让孩子更安全,但同时也会以牺牲机会为代价削弱孩子的数字融入。

## (二)教养方式

Becker(1964)最早提出父母可以有不同的育儿方式,并在他的三维模型中提出八种不同风格的育儿类型,后来的学者以教养方式(parental style)这一术语统一了这一概念(Baumrind,1991a)。教养方式被定义为家长向孩子传达的一系列态度,这些态度构成了一种情绪氛围,而父母的行为在这些氛围中也得到了表达(Darling & Steinberg,1993)。现有的教养方式理论植根于 Baumrind(1980)对消费者社会化的理解,他认为消费者社会化是一个由成人发起的过程,在这个过程中正在发育的儿童通过洞察、训练和模仿而习得与他们所在文化相适应的习惯和价值观。他把这个过程又叫做教养社会化(parental socialization),教养方式体现了父母如何试图用自己的方式将孩子逐渐社会化的过程。过去的研究表明,教养社会化和社会学习理论紧密相关,因为两者都要求一个被模仿的中介和一个能够提供反馈的角色(Bandura & Walters,1963)。父母即是这样的中介,他们通过以身作则的方式影响着儿童的发展,同时吸取孩子的观点和需求以及亲子间的交流体验(Carlson,Laczniak,& Muehling,1994)。

有关教养方式的结构分类,在几十年的研究中有过一定程度的变化和重新标签。在该理论发展初期,较知名的是将教养方式以根据亲子交流在以下三个社会化维度上的程度进行了划分,其分别是(1)约束(restrictiveness)和放任(permissiveness),(2)温暖(warmth)和敌意(hostility),以及(3)冷静客观(calm detachment)和焦虑情绪化(anxious-emotional involvement)(Carlson et al.,2011)。不过,在后来的市场营销和消费者行为研究领域,大部分研究只应用了前两种维度来定义教养方式(Carlson et al.,2011)。其中,"约束和放任"这一维度是由父母对孩子的重视程度,是否符合他人的期望和社会要求,是否能够严格遵守规则,是否认同孩子在家庭里的不平等地位,以及是否严格要求孩子来定义的。如果家长在家里坚决执行定下的规矩,从孩子那里期待整洁、有礼貌的行为和服从,那么这类家长就被认为具有"约束"的特征。约束型的家长偏好政府机构干预市场行为来影响儿童的消费者社会化(Laczniack,Carlson,& Walsh,1999)。反之,具有"放任"特征的家长被认为在与孩子交流中能够吸取与自己截然相反的意见。学者们用四个指标来对"约束和放任"这一维度进行测量:一是价值观一致性,即父母与孩子所持价值观的吻合程度;二是权威主义,即父母对孩子的不平等地位的认同程度;三是严苛性,即父母对孩子遵守家庭以外的规章制度的支持程度;四是严格的执行力,即父母认为他们在管教孩子方面的态度坚决的程度。

至于"温暖和敌意"这一维度,则由父母分享感受、表达感情以及鼓励孩子表达烦恼的程度来定义。能够接受孩子,以孩子为中心,并且使用解释、论证和表扬(而不是体罚)的方式来管教孩子的家长被认为具有"温暖"的特征。温暖型家长偏好充当环境和市场对儿童影响的中介(Tanner,Carlson,Raymond,& Hopkins,2008)。而那些在与孩子的交流中展示出与温暖相反特征的家长则被认为是怀有"敌意"的。学者们从三个指标来测量这一维度:一是抚育,即父母倾听和与孩子分享感受和经历的意愿;二是避免沟通,即父母倾向于阻止与孩子的沟通以减少不必要麻烦的程度;三是鼓励口头表达,即父母鼓励孩子同他们谈论所遇到的问题的程度(Carlson et al.,2011)。

Baumrind(1966)在最初也尝试过为教养方式分类,她识别出三种主要的教养风格,即放任型(permissive)、专断型(authoritarian)和权威型(authoritative)。这之后她又在此基础上增加了拒绝—疏忽型(rejecting-neglecting)(Baumrind,1991b)。Baumrind的理论框架主要是基于对父母在绝对化要求(demandingness)和响应能力(responsiveness)这两方面的评价。绝对化要求指父母通过对孩子采取明确要求、行为监督、纪律规定及叛逆情况处理等手段,对孩子提出的融入家庭和社会的要求,其关注于父母对孩子的控制,绝对化要求高的父母倾向于向孩子强加规则并要求有成熟的行为(Locke,Campbell,& Kavanagh,2012)。响应能力指父母通过协调、支持和默许孩子的需求来有意识地培养孩子的自我意识、自我主张和自我调节的能力,其关注于父母对孩子需求的回应程度和对孩子的支持程度,并表现为亲子间的积极互动(Locke et al.,2012)。基于自己和他人的研究,Baumrind在后期做了更加详尽的观察和访谈,并提出了目前最为广泛接受且具有理论影响力的四种家长作风类型:专断型(authoritarian)、权威型(authoritative)、忽视型(neglecting)和溺爱型

(indulgent)(Baumrind，1991a)。

专断型父母倾向于根据一些比他们身份地位更高的权威所制定一系列行为规范，来塑造、指导和评价孩子的态度和行为。这类父母会保持对孩子的高度控制，因为他们认为孩子任性且冲动，并在家庭中属于从属的角色(Gardner，1982)。他们希望孩子不要质疑自己的权威，阻止亲子间的言语互动；期待孩子尊崇大人至高无上的地位，并能够根据家里的规矩而行为举止表现成熟(Crosby & Grossbart，1984；Walsh, Laczniak, & Carlson，1998)。专断型的父母在成熟度需求、敌意和约束程度方面得分较高，但在响应、温暖及双向沟通方面得分较低(Maccoby & Martin，1983)。

权威型父母倾向于用理性的、以解决问题为导向的方式来引导孩子的活动，因为他们视大人和孩子的权利和义务是互补关系。他们期待有效的交流，因此鼓励亲子间的意见交换，并且愿意和孩子分享他们制定规则背后的理由(Baumrind，1971)。在希望孩子遵守规矩的同时，他们也允许孩子有某种程度的独立性(Walsh et al.，1998)。与独裁型的家长作风相比，他们更关注平衡孩子的权利和责任，只在必要时施加控制和管教；鼓励自我表达，尝试丰富孩子的教育和文化机会，同时希望孩子在遵守家庭规则的同时表现得更加成熟理性。权威型的父母在温暖、响应、约束和成熟需求程度上得分较高(Maccoby & Martin，1983)。

忽视型父母和孩子间保持着一种疏离的关系。他们对孩子的回应相对温和，对孩子的成熟程度和不良行为的期望程度也较低。当忽视型父母与孩子相处时，他们很少考虑到孩子的情绪，也不太对孩子施加家长权威和管束，这可能因为他们比较关注自我，且不想承担管教的义务。这类型的父母对孩子的态度比较宽松，他们不愿指导孩子的自我发展能力,也不监督孩子的日常活动,因此对孩子的社会化过程几乎没有任何影响作用;也因此,他们的孩子更容易受到其他社会化中介的影响,例如同龄人、老师、媒体以及各式各样的广告内容(Walsh et al.,1998)。忽视型父母有放纵和敌意的倾向,他们在响应程度上的得分较高,但在成熟需求和控制程度上得分较低(Carlson et al.,2011)。

溺爱型父母也被叫做放任型父母,他们会在不危及孩子健康安全的情况下尽可能地为后者消除外在约束(Carlson & Grossbart,1988)。在他们眼里,孩子被赋予了同成人一样的权利,但不一定要承担成人的义务(Baumrind,1978),因此亲子间保持着一种开放沟通的氛围环境(Walsh et al.,1998)。在与孩子的交流中,溺爱型父母的态度更加宽松且温暖,他们顺从、接受、尊重和肯定孩子,也几乎不惩罚孩子,因为他们视自己为孩子的信息来源而不是孩子的积极塑造者(Baumrind,1978)。溺爱型父母与忽视型父母在约束程度和成熟要求上的水平相似,但前者在响应程度和温暖程度等方面的得分较高(Maccoby & Martin,1983)。

在如今互联网普及的环境下,教养方式理论继续得到不断的更新和拓展。其中,Valcke等人(2010)提出了网络父母养育方式。通过对"控制"和"温暖"这两个维度进行划分,他们界定并验证了四种网络父母养育方式:(1)宽松型(permissive parenting),指父母不会提出明确的行为界限,避免与孩子发生冲突,顺应孩子的要求并听从孩子的意愿和想法。尽管这类父母能带给孩子较多家庭温暖,但也很少给出有效的行为建议;(2)放任自由型(laissez-faire parenting),指父母较少控制孩子的行为或参与其活动,对孩子上网的态度既不管制也不支持;(3)权威型(authoritative parenting),指父母会制定明确的规则,提出操作性强、容易落实的行为准则（例如规定上网时长），但不会限制孩子的行为，期望孩子有责任心且行为自律；（4）专断型（authoritarian parenting），指父母会要求孩子无条件服从和遵守规则，父母坚定自己对网络使用的看法，很少且不愿意就此问题和孩子展开对话或讨论。该研究发现，在网络使用的背景下，权威型教养方式占比最高。

研究表明，不同的教养方式确实会影响家长对孩子消费社会化的引导，尤其在消费交流、消费目标、控制消费和媒介曝光，以及对广告的看法等方面（Carlson & Grossbart，1988）。其中，权威型父母最可能参与到孩子的消费者社会化进程中，他们对孩子的社会化有明确的目标，喜欢充当市场影响孩子的中介，并且比其他类型的父母更担心广告对孩子的影响（Carlson et al.，2011）。这是因为权威型父母对儿童广告最深表担忧，且他们对广告普遍抱有更消极的态度（Carlson & Grossbart，1988）。与之相反，溺爱型和专断型父母偏好其他社会化中介（例如政府和监管机构）来调解媒介对孩子的影响，而疏忽型父母最认为父母对此没有责任（Walsh et al.，1998）。在对 73 个有关父母教养方式和儿童消费者社会化的研究进行元分析后，Mikeska 等学者（2016）进一步确认了权威型的养育方式对孩子和市场间的积极互动极其重要，同时，约束比放纵更有利于帮助孩子适应与市场和环境间的正面互动，避免市场的负面影响。

## （三）家庭沟通模式

在消费者社会化概念中，家庭指的是一张人际网，里面的人由婚姻、血缘、承诺、法律或其他原因维系在一起，并在很长一段时间共同生活，他们将自己看作家庭成员，共同有过重要的历史，并期待未来仍以家庭关系运行下去(Galvin，Bylund，& Brommel，2004)。毫无疑问，这张人际网里拥有那些能够和孩子接触并施加影响的人，其中包括各式各样的社会化中介。家庭能够为儿童带来的不止是带有明显目的性的说教，还有更多细微的社会互动，从而对儿童在消费者知识、能力和价值观方面造成潜移默化的影响(Ward，1974)。

在家庭影响儿童消费者社会化这一范式启示下，学者们提出了家庭沟通模式(family communication pattern)理论，研究家庭因素是如何影响儿童在消费者知识、消费能力及消费观上的发展，包括对广告的回应(Moschis，1985)。家庭沟通模式比前文所述的父母调解策略和教养方式具有一个更宽泛的看待消费者社会化的视角。不过，父母养育方式被认为是家庭沟通模式的前因，例如对待亲子沟通更严格也更温暖的家长，其更可能依赖可以促进监督和限制儿童消费活动的沟通信息，而尊重孩子、会向孩子寻求意见的家长，其沟通方式通常关注于是否能够促进孩子做出消费相关的决策，并进一步发展孩子在该方面的能力(Carlson et al.，1992)。

在该理论中，家庭成员间与消费相关的沟通方式被分成了两种类型：概念导向(concept-oriented)型和社会导向(socio-oriented)型(Moschis，1985)。概念导向的家庭沟通模式比较开明，家庭成员间注重开放沟通，可协商和自由分享观点和意见，并允许孩子表达自己的看法；相反，社会导向的家庭沟通模式强调对父母权威的服从和家庭的和谐(Carlson & Grossbart，1988；Moschis & Moore，1979；Moschis，Moore，& Smith，1984)。在广告语境下，概念导向的家长能与孩子积极谈论消费者相关的话题，并鼓励孩子发展自己的消费者技能(Carlson，Grossbart，& Walsh，1990)。因此，这种家庭沟通模式能帮助儿童掌握更多消费相关的知识，教育儿童成为一名具有思辨能力的消费者,从而理解广告中的推销技术,增强对广告的防御能力,减少物质主义倾向(Buijzen & Valkenburg,2005)。通过对美国、澳大利亚、日本、希腊和印度五国亲子间互动的研究发现,概念型导向的沟通方式也能尽早帮助孩子实现发展和社会化(Rose,Dalakas,& Kropp,2002)。与之相对,社会导向的家庭沟通模式则会让孩子更容易受到外部信息(如广告)的影响(Buijzen & Valkenburg,2005)。

### (四)感知父母媒介介入

感知父母媒介介入(perceived parental media mediation)理论由Valkenburg等学者(2013)提出,旨在反映孩子如何看待父母对其媒介使用行为的管教方式。这一理论框架的提出主要基于现存的三个理论。一是 Baumrind 的教养方式理论。教养方式理论的其中一个核心概念是自主性(Baumrind,1991),指个人行为中对自我肯定和自我意愿的体验(Soenens,Vansteenkiste,& Niemiec,2009)。自主性也是感知父母媒介介入的核心。二是家庭沟通模式。感知父母媒介介入和家庭沟通模式都强调儿童自主观点的重要性。三是自我决定理论(self-determination theory)(Ryan & Deci,2000)。该理论认为儿童通过社会影响(例如父母的影响)来获取和接受社会规则,但其效果取决于儿童是否能够内化所受到的影响(Guay,Ratelle,& Chanal,2008)。内化指个体通过来自外部的压力逐渐接受其价值观、要求和规范,并将其融入自我的意识当中(Ryan & Deci,2000)。内化更可能发生在当儿童积极主动地去遵循家长的教诲,进而使其行为能如父母所愿(Soenens et al.,2009)。当尊崇父母意愿的动机消失,纵使有外界压力迫使儿童去服从规则、以某种特定的方式思考和行动,儿童也不太可能内化外界对其施加的影响(Ryan & Deci,2000)。同时,随着儿童年龄的增长,尤其是步入青春期时,他们的心理自主意识会愈发增强,也就更容易反抗来自外界灌输的规范和制约;父母制定的规则在他们眼里渐渐失去正当性,他们甚至会认为父母干涉自己的私人领域(Soenens et al. , 2009)。

感知父母媒介介入也是围绕着"约束介入"(restrictive mediation)和"积极介入"(active mediation)这两大概念展开。前者指父母限制孩子在媒介上花费时间和观看内容的频率,后者指父母向孩子解释媒介内容、传达他们认为对孩子有不良影响的内容的看法的频率(Valkenburg et al. , 2013)。在这里,自我决定理论能够预测父母的介入策略能否促进或阻碍孩子的内在动机、内化所施加的规范和准则(Joussemet,Landry,& Koestner,2008)。在此基础上,Valkenburg等学者(2003)界定了三种类型的感知父母媒介介入。

第一种类型是自主支持媒介介入(autonomy-supportive media mediation),指父母对孩子的媒介使用进行限制或主动讨论。在这种介入方式下,父母会表明自己对待媒介使用的态度和准则,并提供其理由,同时也会认真对待孩子的想法和观点。在自主支持媒介介入的理论框架下,学者根据父母是否施加限制手段进一步将其细分为自主支持的积极媒介介入(autonomy-supportive active media mediation)和自主支持的限制媒介介入(autonomy-supportive restrictive media mediation)。前者涉及父母主动和孩子讨论媒介内容,但不会施加限制,也不会考虑孩子的观点;后者指父母会对孩子的媒介使用施加管束,但也尊重孩子的想法。学者认为这两种介入方式在媒介语境下尤其重要,因为青少年儿童会认为媒介是他们私人领域的一部分,那么,对媒介的干预就容易导致孩子产生强烈的抗拒心理,并极力寻求自由(Brehm & Brehm,1981)。研究表明,自主支持媒介介入能使孩子拥有是否内化来自父母的价值观和规范的主动权，同时孩子的个人意志也得到了尊重，因此，这种育儿方式使亲子间的互动能够及时、持续和相互照应(Valkenburg et al.，2003)。此外，这两种类型的介入都能消除孩子的心理抗拒，起到正向的内化作用，最终使得孩子具备更好的社会适应能力，产生更多亲社会行为(Valkenburg et al.，2003)。

第二种类型是控制媒介介入(controlling media mediation)，指父母对孩子施加压力，孩子的想法、感知和行为都要遵从父母的指导。控制媒介介入又被细分为控制的主动介入(controlling active mediation)和控制的限制介入(controlling restrictive mediation)。前者指父母给予孩子关于媒介使用的指导，但对于孩子的意见不加以尊重和重视，后者指父母严格控制孩子的媒介使用。Valkenburg等人(2003)又将控制限制介入更细分为公然控制(overt control)和暗中控制(covert control)。公然控制指父母会明显地采取生气、威胁或惩罚孩子的方式来禁止或限制媒介使用，暗中控制指父母会通过表达失望、灌输焦虑情绪、给孩子制造内疚感或羞耻感等方式来禁止或限制媒介使用，其与心理控制的概念极其相似。学者们普遍认为控制媒介介入容易导致孩子出现反抗心理，其并不是促进内化的最佳模式，因而不利于孩子的健康成长以及建立良好的媒介使用习惯(Soenens & Vansteenkiste，2010)。

第三种类型是不连贯的媒介介入(inconsistent media mediation)，主要指父母限制孩子的媒介曝光时间和曝光内容，但是父母的限制行为不稳定且难以预测。例如父母禁止孩子看某一个节目，但在后来又允许孩子看几小时(Valkenburg et al.，2003)。学者认为不连贯的父母教养方式容易导致一种叫做强化陷阱(reinforcement trap)或强制圈(coercive circle)的效应，虽然对孩子一时的放任和顺从能缓解和避免亲子冲突,但从长远看,这是以牺牲孩子形成正确的行为规范为代价的(Patterson,1979)。此外,不连贯的养育方式也会引起儿童的抗拒心理,导致家庭冲突和一系列的反社会倾向(Valkenburg et al.,2013)。

总的来看,学者们建议为了防御或减少媒介对儿童的不良影响,父母的媒介介入应该采用自主支持的方式,减少控制,并且一贯始终(Valkenburg et al.,2013)。在广告方面,研究者发现自主支持的积极媒介介入能有效提高10~14岁儿童对社交游戏广告的说服意图的理解,而自主支持的限制媒介介入能够帮助以上儿童理解广告的销售意图(Vanwesenbeeck et al.,2016)。

### (五)家长监督

比起前文所呈现的管教方式,家长监督(parental monitoring)是在传播学研究中相对小众的父母管教理论。家长监督的概念定义比较宽泛,主要指父母一系列相关的管教行为,包括关注和了解孩子的行踪、活动及社会适应能力等(Dishion & McMahon,1998)。在互联网情境下,父母为了实现更有效的管控,不得不主动去了解孩子的上网活动和网络使用情况,施展策略进而影响孩子的网络参与行为(Liau, Khoo, & Ang, 2008; Lin, Lin, & Wu, 2009)。

在很长一段时间,有关家长监督的操作化定义关注于测量家长所具备的有关孩子行为和活动的知识(parental knowledge),例如孩子在学校的自由活动,是否随时知道孩子在哪、和谁在一起,等等。后来的研究认为,家长监督的操作化定义还应包含家长所具备的这些知识的来源(Kerr & Statin,2000),即家长使用何种策略来获取有关孩子行为的信息,或提高自己的家长知识。Kerr 和 Statin(2000)提出了三种家长知识的来源,分别是征集(solicitation)、控制(control)和信息披露(disclosure)。征集指父母通过询问孩子、咨询孩子的朋友和老师以获得有关孩子行为的信息。控制指父母控制孩子的来去自由,孩子在去之前必须得到允许,回来后必须解释去了哪里做了什么。征集和控制代表了父母主动积极地去尝试了解孩子的行踪和活动。相比之下,信息披露指孩子愿意主动向父母提供和分享有关自己行踪的真实信息。研究表明,家长知识的提高有助于减少孩子的失衡和风险行为(Crouter, Bumpus, Davis, & McHale, 2005; Kerr & Stattin, 2000; Snyder, Dishion, & Patterson, 1986)。此外,虽然这三种知识来源都有利于家长知识的提升(Waizenhofer, Buchanan, & Jackson-Newsom, 2004),儿童主动披露信息被认为最有可能带来积极的社会化效果(Kerr & Stattin, 2000)。研究发现,最终对儿童行为最起作用的也是信息披露。儿童越主动和经常向父母披露自己的行踪和社会交往,他们越少可能出现行为不端(Keijsers, 2015),也越具备网络隐私意识(Shin & Kang, 2016);而儿童在家长面前保守行踪秘密,则容易导致低自尊和抑郁心情(Frijins, Finkenauer, Vermulst, & Engels, 2005)。

以上我们简要论述了有关父母管教研究中五个比较经典的理论,它们有各自不同的理论根据和应用背景,在实际运用中也不是非此即彼,学者常通过比较不同理论以及在它们之间建立关系来更深刻地揭示父母管教的理论内涵和实际意义(Yang, Kim, Laroche, & Lee, 2014)。除了父母管教这一自然要素外,近些年来学者们也开始转向关注会调节或影响父母管教效果的因素,比如不同媒介形态所带来的不同使用行为(Clark, 2011; Jiow et al., 2017)、孩子日益增长并超出父母预期的网络使用能力所引发的亲子认知失调(Livingstone et al.,

2017),作为社会化重要中介的父母其自身对孩子社会化水平的判断(Shin,2015),以及亲子间的互惠影响(Grusec & Davidov,2007)等。我们将在当前背景下考察中国父母的管教方式及其对孩子广告社会化所带来的影响。

# 三、父母的广告说服知识

　　虽然父母常常担心孩子的社会风险和网络安全，少有研究考察过父母如何看待广告、对广告影响的态度以及父母自身所具备的广告说服知识。如果父母要正确地引导孩子的消费者社会化，帮助他们成为有能力和有责任的消费者，父母们也必须具备一定的营销和广告知识，这在当今瞬息万变的市场营销环境中尤其重要。

　　现有文献假设成人和儿童在广告说服知识上存在差距，不论是传统广告还是植入式广告，成人皆具备足够的广告说服知识来正确识别广告的商业说服意图，并能形成合理的对待广告的态度（Kinard & Hartman，2013）。但近年来一些研究发现，父母对新媒体广告的理解是十分缺乏的（Evans et al.，2013）。的确，虽然父母对传统广告方式（例如电视广告）会很熟悉，广告的重复曝光也使得他们掌握了识别广告、判断广告意图的技巧，但是这些技巧未必能应用到评价新媒体广告上。一方面的原因是，如前文所述，新媒体广告尤其是社交媒体广告，其在说服技巧上比传统广告更加原生和隐蔽，从而难以识别。另一方面，对当前的父母来说，他们这一代并不出生于数字时代，他们不是数字时代的原住民（Lankshear & Knobel，2006a，2006b），所以他们实际上对新媒体广告的概念、目的和方法都不熟悉，相关知识也有限（Brown，2004）。用 Livingstone（2008）的话来说，许多父母就是新媒体时代的"恐龙",他们缺乏一定的媒介素养,对新媒体无所适从。这将进一步导致父母在有效管教孩子的广告曝光和广告影响方面无能为力或力不从心。在对家有 5 至 12 岁儿童的 42 组英国家庭的深度访谈后,Cornish（2014）发现家长对新媒体广告效果的理解非常有限,他们尤其无法鉴别不易察觉的市场营销技巧（例如广告游戏）,这限制了家长保护孩子免受新媒体营销影响的能力。此外,只有当父母曾经见过某些类型的新媒体广告（例如横幅广告、弹窗广告）,他们才能够再次识别出这些广告的说服技巧。但是,这些父母却认为自己的孩子能像大人一样对新媒体广告作出合理的回应,他们甚至天真地相信自己的孩子不会被新媒体广告吸引和欺骗（Cornish,2014）。

总的来说,现有关于父母对广告理解或广告说服知识的研究非常有限,我们对此还知之甚少,需要有新的研究补充不足。

# 四、文化与父母管教方式

父母管教研究强调父母在媒介对儿童的影响方面作为主要社会化中介的作用,其被定义为父母采取策略以减轻媒介对儿童的负面影响的过程(Clark,2011)。它研究的关键前提是儿童可能受到媒介的影响,但这种媒介效应可以通过父母参与监督和管教儿童媒介使用的程度来调解(Mesch,2009)。许多因素都会影响父母使用不同的管教方式。例如,低年龄段儿童的父母更有可能采用限制性的父母调解策略(Livingstone et al.,2011;Nathanson,2011;Warren et al.,2002)。因为低年龄段的儿童与高年龄段的儿童相比会更加服从父母的权威(Grusec & Davidov,2007),限制性调解被认为在前者身上更有效(Lwin et al.,2008)。再如,父母对媒介内容和影响力的感知也是父母管教孩子媒介使用的一个重要前因(Lee,2013)。如果父母对媒介内容及其对孩子的影响怀有消极态度,那么他们将更有可能去干涉孩子看电视(Nathanson,2001;Warren et al.,2002)、玩游戏(Shin & Huh,2011)和上网(Lee,2013)。然而,现有文献中对文化如何影响父母管教儿童、实现儿童的消费者社会化(Rose et al.,2002;Yaman et al.,2010;Yang et al.,2014),尤其是在媒介使用和广告回应方面,非常有限。

### (一)文化对父母管教方式的影响

现代心理学对于父母如何管教孩子的研究主要侧重于美国的白人中产阶级和其他的西方国家(例如英国、荷兰),因此,从文化的角度来看,在文化维度上呈现的多元化管教方式和家庭社会化实践并不完全支持西方社会所设定的规范(Deater-Deckard,Dodge,Bates,& Pettit,1996;Hulei,Zevenbergen,& Jacobs,2006;Mcloyd & Smith,2002)。有研究表明,不同文化背景之下人们的社会化目标和实践是不同的(Hulei et al.,2006),而且在白人中产阶级家庭中被奉为规范的管教方式在其他的文化组别中也许是不适合的(Julian,McKenry,& Mckelvey,1994)或者不恰当的(Keats,2000)。除此之外,全世界范围内有60%以上的人口居住在亚洲(United Nations,2020),美国白人中产阶级家庭的社会化做法显然不是常态,因此站在东方的文化视野上探究父母如何管教孩子的问题尤为重要(Raj & Raval,2013)。

以父母调解策略理论为例,在先前的研究中一个一致的发现就是,在减少媒体对儿童不良影响方面,主动调解比其他调解方式更加有效(Shin,2015)。其中,与限制性调解和共同使用相比,主动调解能更加有效地调解儿童因电视引发的攻击性行为(Nathanson,1999),广告诱导的物质主义倾向和家庭冲突(Buijzen & Valkenburg,2005),以及网络个人信息泄露(Lwin et al.,2008)。Buijzen 和 Valkenburg(2005)甚至认为使用限制性的调解策略来阻止儿童暴露在电视广告中是不必要的,因为儿童有很多方式和途径去接触广告,限制他们接触广告是没有意义的。然而,当我们肯定一种调解手段的有效性时必须考虑其使用的背景,尤其是文化背景(Raj & Raval,

2013；Yang et al.，2014)。以西方国家为例,典型的西方父母在调解儿童对广告回应的过程中更加注重他们的独立性和个人主义(Rose et al.，2002；Yaman et al.，2010)。Rose(1999)在研究中发现,美国父母在调解儿童社会化的过程中更倾向于积极的调解方式和家庭交流模式,他们对儿童的管教根植于个人主义和个人自由的美国主流价值观基础之上,而日本父母所认为的儿童社会化是对孩子采取耐心和成熟的管教方式,并对他们的消费行为施加控制。那么,由此而来的疑问是,基于西方父母的调解方式是否在中国文化背景之下也适用。换句话说,中国父母在调解儿童对广告回应的过程中是否会有所不同。

在比较两种文化时,我们常用的方法是使用文化可变性的维度,其价值在解释文化差异方面发挥着重要作用(Hsu & Barker，2013)。Hofstede (1979)在其对 40 个不同国家的原始研究中发展了四个文化维度:权利距离,不确定避免,个人主义和男性气质。在他的研究中,美国在个人主义方面获得最高分,而在香港和台湾取样的中国文化里个人主义得分最低,从侧面表明中国文化的集体主义程度较高。根据 Hofstete (1984),个人主义文化中的人根据自己的偏好做出决定,而集体主义的人则根据他们所属的群体做出决定。美国作为一个高度个人主义的国家,在父母管教孩子的过程中受到所属文化的影响。由此可以预见的是,美国的父母会更加注重孩子对广告回应的独立性,父母在对孩子广告回应的调解中更加注重双方的积极性互动,并适当给予引导。这些方式与前文所呈现的许多有关父母管教的研究发现都有契合。与此相对,中国的集体主义文化更加看重集体利益。家庭历史往往对人们看待个人的方式产生影响,而个人成就将发挥次要作用。集体文化中的个人倾向于与其他人相互依赖,并且通常会建立一种根深蒂固的关系和个人忠诚网络。因此,在这种文化背景下,父母与孩子之间更可能出现明显的依赖和忠诚关系。那么,中国的父母在管教孩子时是否会更加依赖家庭这种亲密关系?父母在对孩子的调解过程中是否会有更多的干预和控制?

除了个人主义和集体主义间的区别,文化价值观和文化规范也可以被理解为群体内和群体外这两大身份(Hsu & Barker,2013)。Gudykunst 等学者(2002,2003)把群体内身份定义为,他们的成员对群体很重要,而且个人可以为了这个群体而做出牺牲;群体外身份则是由不属于群体内的个体组成。个人主义文化和集体主义文化都有群体内和群体外这两大身份的存在,但是个人主义文化中的人们看待这两者之间的区别较小;相反,集体主义文化中的人则是根据群体内的喜好来做决定继而保持内部的和谐(Triandis,1990)。那么,从个人主义和集体主义的角度分析,在儿童消费者社会化的过程中,集体主义文化影响下的中国父母是否更有可能把家庭看作一个内部群体,利用家庭这个群体内的身份对儿童广告回应作出调解,同时通过对孩子的某些干预和控制来维持内部群体的稳定和谐?

此外,我们知道,家庭作为一个核心群体,它是群体内的界限,而其他社会化中介则是群体外的概念。那么,受到以上观念的影响,这种群体内和群体外的明显界限感,是否会影响中国父母看待其他社会化中介的态度和看待不同的社会化中介为儿童创造让人放心的广告环境的态度?在儿童消费者社会化的过程中,包括家长在内的社会化中介都发挥着一定的作用,因此了解父母如何看待这些社会化中介及后者为儿童创造的广告环境尤为重要,这对父母如何调解儿童对广告的回应会有一定的影响。群体内和群体外的概念在某种程度上可以与内控型和外控型这一概念做类比。研究表明,在管理孩子的网络广告曝光方面,内控型父母偏好发挥家长自身的能力和责任来管教孩子,而外控型父母则偏好政府法律法规来规范市场活动,进而减少儿童的广告曝光(Vijayalakshmi,Lin,& Laczniak,2018)。内控型的人善于把自己的行为方式和行为结果的责任归于个体的内在原因,而外控型人则倾向把责任归因于身外之物(Vijayalakshmi et al.,2018)。

另一个被普遍接受的区分文化差异的维度是语境,由 Hall(1976)提出强语境(high Context)文化和弱语境(low Context)文化之分。Hall 观察到意义与语境密不可分,提出为了理解沟通过程,我们应该把编码(例如文字本身)的意义和语境结合起来。在强语境文化中,沟通不仅仅是非语言和语言间的过程,它利用身体和沟通发生的情况及时间以及对话者之间的关系来进行整个传播过程。通过把强弱语境之间的沟通差异概念化,Gudykunst 等学者(1996)确定强语境文化之间的沟通是间接、模糊、保持和谐及有所保留的;相比之下,弱语境文化之间的沟通被认为是直接、精确、戏剧性、开放,并且是基于感觉和真实意图的。

拿中美文化为例做比较,美国作为一个典型的弱语境国家,而中国作为一个典型的强语境国家(Hall & Hall,1990),两者在对父母管教理念、方式和效果方面,必然会出现一定程度的可以预测的差异。在弱语境文化中,沟通倾向于较少的物理动作,其含义取决于对话内容(Würtz,2006)。因此,美国父母在调解儿童社会化的过程中更倾向于使用对话和批判性讨论,通过这种积极的对话方式实现调解结果。而在强语境文化中,面对面交流的特征更多体现在使用非语言技巧来传达意义(Würtz,2006)。这些技巧通常包括各种行为语言(例如手势、身体语言、沉默、靠近)和符号行为。这也许可以解释,为什么在众多西方研究中,学者们推崇积极调解好过其他类型的父母调解,因为积极调解是基于父母和孩子之间的对话和批判性讨论,这被看作更有可能培养儿童的批判性思维能力(Fujioka & Austin, 2003)。这些学者们认为,只有通过对话,父母才可以将孩子带到一个"互惠关系系统"(Laible & Thompson, 2007)。在这种互惠体系内,孩子能从父母那里得到积极的反应,这会使孩子对父母的提议更加敏感,并更好地内化父母的期望。

此外,使用弱语境沟通风格的人,会希望其使用的沟通方式和自己的感觉是一致的,而来自强语境文化的人会为沟通设置具体的背景,并让传达的讯息不那么直接地与问题相关(Hall, 1990)。在发生冲突的情况下,受强语境文化影响的人也倾向于使用间接、非会话和模糊的语言,依靠听众或读者从上下文中掌握意义的能力(Hall, 1990)。Chen 和 Starosta(1998)引述前人研究,指出强弱语境也会导致思想模式的差异,后者指思维论证的形式和解决问题的方法。弱语境文化往往强调逻辑和理性,并基于这样的信念:总是有一个客观的真理,它可以通过线性发现的过程到达;强语境文化认为,真理将通过非线性发现的过程而显现出来,不必采用理性(Chen & Starosta, 1998; Würtz, 2006)。

引入到中国父母如何管教孩子的问题上来,由以上论述可以推测,与西方父母管教孩子倾向于直接、坦率的对话不同,中国父母在形式上有可能利用更多的行为语言对儿童的广告回应进行调解,这种调解过程也将更加间接和模糊。更进一步说,我们需要深入探讨,在特定的中国强语境文化环境下,在父母调解儿童广告回应的过程中,可能会出现哪些间接、非对话和模糊的语言形式,而这些具体的形式是如何在父母调解儿童社会化的这个过程中产生作用的。此外,如果说西方文化下亲子间的沟通倾向于从"互惠关系系统"出发并强调理性的思辨模式,那中国父母在调解儿童对广告回应的过程中有着什么样的思考模式,是否会受到强语境文化的影响而变得感性。

## (二)研究问题

　　基于以上的研究发现和分析,我们提出以下三方面的研究问题:首先,中国父母如何感知广告对儿童的影响,以及如何感知其他社会化中介对儿童广告回应的影响。其次,中国父母在特定的文化背景下是如何调解儿童对广告的回应的,在这过程中会使用何种思考模式、实施何种具体的调解形式。再次,中国父母的管教方式是如何影响儿童在消费者社会化过程中对广告的理解,如何影响儿童的广告参与。我们开展了两个研究来回答以上的研究问题。其中,第一个和第二个问题使用了深度访谈法,并在以下"研究 2"中呈现。第三个问题使用了调查问卷法,将在"研究 3"中呈现。虽然广告在中国的发展源远流长,但国内在相关法律法规中对儿童广告的监管力度和广度却相当有限。在这个儿童接触广告的途径越来越多、越来越容易的社会环境中,如何为儿童创造一个更加安全的广告环境,让儿童在广告环境中健康成长,成了我们共同的目标。我们的研究结果将会为广告与儿童发展的理论和实践提供有意义的见解。

# 五、研究 2 :研究方法

　　研究 2 以小学(7～12 岁)孩子的父母为样本进行深入访谈。研究表明,这个年龄段的儿童正处于最需要父母管教、也最容易接受父母管教的时期(Shin et al. , 2012)。访谈在每位受访者方便的时间和地点进行。为了保证一致性,所有访谈都由同一位受过质化研究培训并且有流利普通话的访问员进行访谈。在开始面谈之前,访问员告知受访者本研究的目的、可能的风险和收益,以及对受访者隐私的保护。访问员使用一个半结构的访谈指南,该指南是基于对社会化、父母调解和文化维度文献的回顾而构建的(例如 Grusec & Davidov, 2007; Livingstone et al. , 2011; Nathanson, 1999)。访谈包括三个关键领域:(1)父母对广告的看法及对广告影响子女的看法;(2)父母使用的管教儿童对广告回应的策略;(3)父母对其他社会化中介及其所创造的广告环境的态度和评价。每次采访持续约一个小时。访谈用录音录下并整理成文本。

　　本研究采取滚雪球抽样法:父母首先通过个人联系招募,然后请求受访者定位符合研究样本标准的其他父母。为了代表不同的声音和经验,不同年龄和性别的儿童的父母被有意招募。访问员根据理论抽样程序(Corbin & Strauss, 2008)招募和访谈了受访者,直到收集了关于三个关键领域的足够信息,并且新数据对所提出的三个关键领域和主题不能继续提供更新或更有意义的洞察（即信息达到饱和）。最后的样本包括 10 位母亲和 8 位父亲。我们使用了 Maxqda 质化分析软件对访谈文本进行了编码和深入分析。

# 六、研究2:研究发现

## (一)父母对广告的看法及对广告影响子女的看法

在本次研究中,父母普遍认为孩子平时接触到广告的机会很多,这是因为现在的广告形式多样,而且可以通过比过去更多的渠道进行传播,例如电视、手机、电脑、户外等。同时,父母认为广告对孩子有一定的影响,这种影响大多体现在孩子对某些商品的购买欲望上或者吃的方面,特别是在进入超市看到某一件商品时,孩子会向父母说起他/她在广告中看到过。

> 比如说啊,她以前对手表这个东西是没有概念的,自从她看了那些动画片中间插播的广告,比如小天才手表啊什么的,就是总是说我也想要一个这种手表……然后比如说那些吃的东西,其实她并不知道这些东西好不好吃,但是她只要是在电视广告中看到的就会想到超市里去买。(一位 10 岁女孩的母亲,年龄 37 岁)

> ……就看广告她会记忆广告里面的广告词,这个有时候倒记得挺清楚的。然后比方说在她周末看一些这种吃的广告的时候,她马上就会很饿(笑),然后会找点吃的,这种立即

的效果倒是有的。(一位 12 岁女孩的父亲,年龄 40 岁)

虽然父母认为现在的孩子能够接触到广告的机会比较多,但也认为孩子在接触广告的渠道上有很大的差别。这种观念直接影响了他们对广告是否影响孩子的看法。大部分受访者认为现在孩子接触到的广告主要以传统广告为主(比如通过广播、电视接触到的广告,书本杂志上的广告,或者是在路边接触到的户外广告等),而通过手机、电脑接触的互联网广告虽然也有,但是不多。这是因为他们对这个年龄段的孩子在使用手机和电脑上都会限制时间,所以孩子接触到互联网广告的机会相对较少。也因此,大部分的受访者认为,就现在孩子能够接触到的广告以及这些广告对孩子的影响而言,他们并没有过多的担心和忧虑,也不会刻意去关心孩子接触了哪些广告。他们认为通过传统渠道传播的广告(比如电视广告)是比较安全和健康的,因为这些广告都有相关部门进行审核和监察。用一位受访者的话来说:

> ……就目前的情况,还好,不是特别担心。感觉目前她能够接触到的广告当中还没有特别让我们觉得警惕的一些内容。首先渠道就有限,因为毕竟还是通过传统媒体接触,而传统媒体的渠道这个广告的标准相对来讲还是比较高的。不像这个互联网上、新媒体上的一些广告。所以我会觉得应该不会有太多的负面影响。(一位 9 岁女孩的母亲,年龄 45 岁)

> 因为我们现在电视上放的广告或者你比如说公交车上的这些户外广告,(这些)正规渠道播的广告吧我觉得都是比较健康的,经过严格审查过的。否则他们也不敢放的……所以我比较放心。(一位 12 岁男孩的父亲,年龄 41 岁)

其次,有一半的受访者表示,他们不会刻意去关心孩子接触了哪些广告是因为他们目前并没有发现孩子有一些异样的行为,或者有让他们担心的事情发生。但是,如果孩子一旦发生让他们担心的事,或者他们观察到孩子身上的异样,他们会采取一些行动。

> 有的时候我们不关注到的时候就不怕,但是就是某一些事情发生的时候,那可能觉得,哎,这个真的得重视起来。但是目前的话我们真的感觉还是忽略了。主要还是目前她没有表现出什么让我们值得担心的行为或者是怎么样。(一位8岁女孩的母亲,年龄36岁)

总的来说,受访者在广告对孩子影响方面比较乐观,他们并不会非常担心广告对孩子造成的负面影响。但是,一些受访者也表达了忧虑,最担心的莫过于某些少儿不宜的网络广告。他们认为,虽然孩子主要通过传统渠道接触广告,但有时候也会接触到网络上的广告。相对传统广告来说,网络广告在内容和形式上比较良莠不齐,父母尤其担心的是网络上有关色情和暴力的广告。而且,很多网络广告会以弹窗形式出现,这增加了孩子接触少儿不宜的广告的概率。

> 因为我(家的)是女儿,所以我更担心情感类的这种广告。比方说恋爱啊,这种两性关系啊,这类广告可能会给她带来一些不好的影响。因为现在有一些这种尺度比较大的,这种两性情感类的广告,那这样作为这么小的女孩儿她可能不是很清楚,然后现在中国的性教育又是这么比较的差劲的状态之下,我就害怕会有某种不好的影响。(一位11岁女孩的父亲,年龄43岁)

> ……更关心网页上的广告,因为会自动跳出来。就比如

说我跟她一起用暴风影音看一个碟,然后就会跳出来一个东西。那种强行的推送它不管你年龄的嘛,有的时候就会跳出来那种尺度特别大的。而且媒体有时候就是抓住我们的眼球,也不关注孩子的。你就(会)看到那种标题,什么小三啊,情人啊……(一位 10 岁女孩的母亲,年龄 34 岁)

除此之外,父母提到他们还会担心一些过于夸张的广告、药品类广告、游戏广告等对孩子的负面影响。但是,这些担心和忧虑更多地是从将来这些广告可能会对孩子造成负面的影响这一角度出发,而不认为这些广告是现在孩子正在接触的、并会受到不良影响的广告。

总之,本研究中的父母在目前并不非常担心广告给孩子带来的负面影响,也不会时刻去关注孩子目前到底接触了哪些具体的广告。但是,他们也意识到,在众多广告中会有一些少儿不宜的广告,他们担心孩子在将来可能会接触到这些广告,而后者会对孩子产生负面的影响。因此,如果孩子接触广告的渠道没有得到很好的控制,那么孩子可能会处在某种危险当中,就像一位受访者表示的:

看电影的时候跳出来的游戏她很想玩的,一般爱奇艺都会跳出来一些网络游戏(的广告)……就不让她玩啊,她说要下载,我说下载这个要花钱……我不管她的话,她肯定会喜欢各种各样的网络游戏,然后就会花很多很多时间在这种网络游戏上……(一位 11 岁女孩的母亲,年龄 40 岁)

与此相对的是,所有被访父母都认为公益广告会对孩子产生积极的影响。他们认为公益广告传播正能量,能够让孩子发现真善美,形成正确的价值观,促进他们健康成长。

……公益广告,就是让她形成一种正确的认识,就是很

小的时候知道哪些事情值得去做。（一位 8 岁女孩的父亲，
年龄 39 岁）

公益广告（笑），那因为公益广告本身的出发点不一样
嘛，他不是为了营销嘛，不是为了卖东西嘛。公益广告更多
的是出于一种社会公益的目的来做的广告，所以他本身宣传
的一些理念就是有好处的。像保护环境啊，类似这些东西，
那肯定是有好处的。（一位 10 岁女孩的父亲，年龄 41 岁）

### （二）父母对广告影响的调解策略

在本研究中，父母使用最普遍的调解策略是时间限制（例如限制
孩子在什么时间可以看电视、玩手机等，以及可以玩多久），以及限制
孩子接触广告的渠道。同时，父母也会控制孩子通过网络接触广告的
具体情境，比如只有征得父母同意的情况下才能打开电脑和手机。然
而，他们几乎不会主动使用积极的调解策略或者共同观看的策略。正
如前文所述，父母很少去关注孩子到底接触了哪些广告，或者在父母
监管范围之外去询问孩子看了哪些广告。

父母之所以使用这种缺乏主动性和相互沟通的调解策略，主要是
因为他们相信限制或者干预孩子通过哪些渠道接触广告的调解方式
最有效。受访者表示，他们对孩子接触广告的渠道都有时间限制，包
括什么时候使用和使用多长时间，特别是对电脑和手机的控制。通常
他们的孩子也会服从这样的管理。受访者也表示，他们作为父母，凭
借对孩子的了解会知道他们的孩子是否会观看一些不好的广告，而且
通过这种时间限制可以在一定程度上控制孩子接触广告的范围。

受访者认为时间限制比内容限制（例如限制孩子接触哪些内容的
广告）更加有效。他们解释，广告有时候是一种被动的接受，它无处不

在,因此很难去控制孩子到底接触哪些内容的广告。如果不用时间去限制那些能够接触到广告的渠道,孩子就不会停止看电视或者是玩手机,何况接触过多的电视、手机等电子设备对孩子没有好处(例如"会耽误孩子学习","还有其他更重要的事要做")。在受访者当中,时间限制有多种形式:一些父母限制孩子接触的时间长短(例如"15 分钟"),一些父母限制孩子的接触次数(例如"一周两次")或者接触时机(例如"只有周末","作业全部做完后")。也有其他父母比较随心所欲,只有当他们觉得是时候采取限制手段时(例如当他们觉得孩子已经花了太多时间在电视、手机等设备上),才会采取措施(例如告诉孩子马上停止看电视或玩手机)。

> 平时看电视不多,就周末看一看,大概礼拜六晚上,可能就是礼拜六晚上看电视的时候会接触到广告……回家之后我们肯定也是非常严格地限制她玩手机和电脑的时间……她会说她想玩一下手机,然后我们说好,那就玩一下,半个小时。会给她指定一个时间。那么玩完了之后就会收回来,她也会同意……对眼睛不好啊,然后还有更重要的事情可以做呀,更有意义的事情可以做呀……(一位 11 岁女孩的父亲,年龄 41 岁)

关于父母在孩子接触广告渠道方面的干预和限制,受访者认为父母都希望自己的孩子健康成长,因此对手机、电视等设备的限制和干预不仅仅是为了减少或者避免不良广告对孩子的影响,也是一种义务。他们认为,父母在家庭这个集体环境中有义务去保护孩子免受外界各方面的不良影响,其中当然也包括了广告的不良影响。这是因为对孩子来说,外部的社会是复杂的,父母有义务去保护孩子,那么孩子也应该听从父母的所谓正确的建议。

　　　　因为我觉得看电视太多对她也没什么好处,可能对她会
　　管得比较多一点……其实她挺喜欢看电视的,但是看电视就
　　会很痴迷吧……就孩子嘛,你必须听我的,还要说服她嘛。
　　不需要说服她,就是不能看。(一位 10 岁女孩的母亲,年龄
　　34 岁)

　　　　万一如果比方说广告有一些不对的观念,或者说一些不
　　好的倾向……比方说让他们过于物质,过于拜金这样的,那
　　作为父母就有这个义务来告诉他们什么是一些正确的观念。
　　(一位 11 岁女孩的父亲,年龄 41 岁)

　　到这里,我们可以发现,受访的中国父母在管教孩子对广告回应
的过程中,亲子之间默认有一种与生俱来的依赖和忠诚关系,这种亲
密关系影响着父母如何看待自己的角色,并决定了自己以什么样的方
式去管教孩子对广告的回应。在对儿童的管教过程中,与个人主义主
导的美国文化不同,中国父母会对孩子有更多的干预和控制,而这种
干预和控制在父母看来是一种能够帮助孩子健康成长的手段,是一种
能够维持家庭稳定和谐的有效方式。

　　我们还发现,中国父母在调解儿童广告回应的过程中会更多地采
用限制性的策略。在父母管教的过程中,他们认为可以为长远的利益
而牺牲个人的自由,这种限制性的调解方式就是为了让孩子健康成
长。作为家庭这个内部群体中的重要角色之一——父母,他们认为有
义务承担起让家庭中的孩子健康成长的责任,有义务让家庭在一代又
一代的传承中发展得越来越好。这是集体主义文化与个人主义文化
相比之下,不同的文化背景如何影响父母在具体管教孩子方式上的不
同体现。

　　少部分受访者表示,当孩子在接触他们认为有负面影响的广告的

时候,他们会采取直接关掉或者直接转台的调解策略,很少会采用积极的调解策略去跟孩子解释为什么不能看这些广告。这是因为他们认为,这样的调解方式(例如关掉电视)能够在最短的时间内避免孩子接触到对他们有不良影响的广告,更何况有些事情他们并不想让孩子知道,所以也不会过多地去解释他们行为背后的原因。受访者表示,他们有时候也会通过和孩子对话的方式进行调解,但这种对话仅仅是单方向地由父母告诉孩子该怎么做(例如"这个广告不是你这个年龄应该看的","这个广告是不好的,你不要看了"),并不是父母和孩子之间的双向沟通。

> 我就会关掉,或者跟她说这种东西是成人化的你不要看了,就硬性阻止了,我也找不到更好的办法了。(一位 10 岁女孩的母亲,年龄 37 岁)

> 关掉啊,像那种跳出来的广告,在她还没有看清楚之前都要立马关掉。因为不想让她接触很多的东西呀,里面有很多你并不认同的,或者是社会阴暗面的东西,暴力啊很多很多……(一位 10 岁女孩的母亲,年龄 34 岁)

但是,大部分的父母认为,比较间接形式的、分散孩子注意力(例如让孩子到别的地方拿一个东西,或者去干别的事情)的方式才是最有效的。这是因为受访者认为,这个年龄阶段的孩子都会有好奇心,如果采取强硬(比如直接关掉)的方式会更加激起他们的好奇心,进而造成相反的效果。采取分散注意力的方式既可以巧妙地避免孩子接触到不良的广告,还可以避免因使用强硬措施而造成孩子的逆反心理。

> 比方说我会分散她的注意力……"××(孩子的名字),你到外面去拿点什么东西给妈妈吃。"(一位 8 岁女孩的母

亲,年龄 37 岁)

> 有的时候我会突然叫她一下,她会突然转过来,然后我
> 朝她看看,笑笑……有的时候呢也是跟她嘻嘻哈哈,把这个
> 时间段过掉。(一位 10 岁女孩的父亲,年龄 37 岁)

也有几位受访者表示,他们通常采取的方式是间接的观察。当孩子正在接触不良广告时,他们虽然会有所担心,但不会采取任何措施。然而,在这之后,他们会通过观察孩子是否有异样的行为来判断是否要对孩子采取进一步的措施。他们认为,这种方式既不会因为强硬的制止行为引起孩子的好奇心,也不会让孩子从父母的口中知道他们不应该知道的东西。

> 我应该不会去过度干预她……我甚至也不会去跟他讲,
> 这个广告不好啊或者怎么样,我可能还是会这样顺其自然。
> 但是我会观察,她可能会有什么(行为),比方说在日常生活
> 中由于看到这样的广告会不会表现出有一些异样的地方,如
> 果发现不好的苗头,我可能再会采取某一些干预措施,跟她
> 聊一下。(一位 11 岁女孩的父亲,年龄 41 岁)

受访者倾向于采取间接性调解策略的另外一部分原因是,他们认为,过于理性或者直接的调解方式会让孩子不容易接受,容易激起孩子的反叛行为和逆反心理,不利于亲子关系的和谐发展和维持。受访者认为,比较理想的调解策略是用委婉的方式去尽可能地感染孩子,在情感上引起孩子的共鸣,以及在父母和孩子之间形成一些默契。不过,这种调解方式更多地用在父母鼓励孩子多看一些对他们有益的广告时,以便引导孩子更好地向这些广告学习。

> 我不会直接跟她说好坏的,说那些大道理,因为她有自

己的判断力,你不能说(这个广告)不好她就认为不好了,其实这是很愚蠢的,长此以往,父母和孩子的关系会出现问题。(一位 10 岁女孩的母亲,年龄 37 岁)

　　我们现在家里面有一个好的事情就是,她(看了一些好的公益广告)表现好的话,我们有个拥抱,或者有一个大拇指(印章)在她的脑壳上盖章,进行赞扬。然后呢她就会笑一笑,认为我做的是对的,然后就形成一些默契。(一位 10 岁女孩的父亲,年龄 37 岁)

综上,在具体的父母如何调解儿童回应一些可能会有负面影响的广告方面,我们发现,父母倾向于采用间接的调解策略,比如分散孩子的注意力,通过事后观察的方式,让父母想要传达的讯息不那么直接地与问题也就是广告相关。这可能是受特定的中国强语境文化的影响。与弱语境文化采用直接的对话不同,中国父母希望调解孩子广告回应的过程更加间接和模糊,在管教孩子的过程中能够通过避免直面问题的方式来达到他们的目的。至于中国父母如何具体地使用间接、模糊的调解方式,我们发现可能有的具体方式是:让孩子去做别的事情,和孩子转换话题,不在当时做出相关行动但是会进行事后观察等。

在研究中,我们还发现,当父母想要鼓励孩子接触一些他们认为有好处的广告时,他们会更多地采用委婉、感性的调解方式,慢慢地在情感上引导孩子按照父母的意愿去做。这可能是由于在强语境文化影响下,中国父母在管教孩子的思维模式上与弱语境文化影响下的父母思维模式的不同。在强语境文化影响下,父母在管教孩子的思维模式上会更去关注孩子能不能比较容易理解(父母的苦心),以及能不能维持亲子间稳定和谐的关系,而过于直接和理性的方式会让孩子不容易接受或者理解父母的意愿。因此我们看到,在不同的文化背景下,父母管教孩子的思维模式和对话方式也有很大的不同。

虽然受访者认为他们现在基于限制性的调解策略能够比较好地调解孩子和广告之间的关系,但是也会产生一些对于当前所使用的调解策略的怀疑,其中包括父母不会每时每刻都在孩子身边监管着他们,以及当孩子有自己的手机或者电脑时,目前所使用的方式也许会行不通。虽然父母陪伴孩子的时间是比较多的,但是当然也会有孩子处于父母监管之外的时候。在这种情况下,父母可能不知道孩子是否接触了不良的广告,这就需要依靠孩子的自觉性来自己保护自己。就像一位受访者所说的:

> 有的时候真的很难啊,他可能在我不知道的时候在别的
> 地方看到了一些广告,如果他回来跟我讲了,那我可能会帮
> 他一起分辨这个广告是好的还是不好的,会教他……但是他
> 要是不跟我讲,那我也不知道,那这种情况就非常糟糕了。
>
> (一位 12 岁男孩的父亲,年龄 36 岁)

随着孩子年龄的增长和各方面条件的成熟,孩子会拥有更多自由支配的时间,会拥有自己的手机甚至自由使用电脑的机会。在这种情况下,受访者认为,从长远的角度来看,多和孩子进行沟通或者在广告素养的层面进行引导是非常重要的。这是因为孩子总归会有自己的想法,父母通过沟通对话的方式能够更好地从思想上、观念上教育孩子正确地对待广告,能够让他们有自觉性地保护自己,为自己创造一个安全的广告环境。

> 就比方说她自己有手机了,那就很难控制了。因为现在
> 自己没有手机,她要玩手机都是玩我们的手机。那以后当她
> 自己,比方说是读到初中了,有自己的手机了,那你就很难控

制。（一位 11 岁女孩的父亲，年龄 41 岁）

比方说他如果再大一点，我如果可能没有太干预他看什么或者不看什么媒体的话，我会更多地从媒介素养的角度来引导他。因为我如果无法决定他能够看到的和不能看到的，我们只能尽可能从观念上去引导他。（一位 12 岁男孩的父亲，年龄 41 岁）

可见，对父母来说，在理想层面管教孩子对广告的回应和在现实中管教孩子，所使用的调解策略会有一定的差距。就现在而言，虽然受访者大都采用限制性的调解策略，但是他们也意识到这种调解方式会随着孩子年龄的增长而变得不那么适用。从长远来看，受访者认为和孩子之间进行主动性的沟通对话是非常重要的，这也是一种能够从思想上来引导孩子正确对待广告的更有效的方法。

受访者认为，他们现在拥有的广告说服知识能够比较好地教育孩子。然而，他们所谓的教育，其内容大多在判断广告的好坏和美感层面。当孩子渐渐长大之后，孩子的广告说服知识很可能会超越父母，虽然大多数受访者认为这是一件好事，但他们并没有具体想过到那个时候他们应该怎样做。

……让他感受一种文字啊，艺术方面的美感……现在房地产广告我觉得有些语言描述也非常有诗情画意的……（一位 12 岁男孩的父亲，年龄 36 岁）

还行吧，但是她要是想学广告那就不够了……但是目前她才小学四年级，一般来说还是可以的。因为她也不会有特别专业的问题出来，我觉得她对社会的理解目前还挺粗浅的吧，不知道社会是怎么一回事……（一位 10 岁女孩的母亲，

年龄 36 岁)

　　我觉得也是个好事吧，反正，那当然，他就应该超过我。如果他成年了就不会担心了吧，十几岁的时候还是得管着一点的……（一位 12 岁男孩的父亲，年龄 36）

## （三）父母对其他社会化中介的态度和评价

　　受访者认为，孩子在学校中的广告环境是相对安全的。他们表示，学校毕竟是一个教育机构，不会对孩子做有害的事情。然而，大部分受访者并不对学校教育孩子或者是调解孩子对广告的回应有很大的期望。他们认为，虽然理想状态下学校应该对孩子这方面的教育有所涉及，但在现实中中国的教育环境之下，学校最关注的还是孩子的学习成绩，没有精力、也不会主动去关注孩子有关广告方面的教育问题。

　　他们学校里也没什么广告的，顶多就是买几本书的广告，所以比较放心，因为我想学校肯定不会做对他们有害的事。（一位 9 岁男孩的母亲，年龄 37 岁）

　　……学校也不是让所有人都进来的，进来是需要人同意的。（一位 11 岁男孩的母亲，年龄 39 岁）

　　学校里面我觉得比较难。针对广告方面做一些引导啊，培训啊，我觉得比较难。关键他们不是有思想品德课嘛，把这个课上完就行了，小孩子自己有些甄别能力就够了，不用专门上一堂广告的课什么的。（一位 10 岁女孩的父亲，年龄 37 岁）

但是一些受访者也表达了担忧。受访者认为，一旦学校让广告进入校门（比如补习班的广告、书本广告），那么对孩子的影响就会特别大。这是因为孩子的同龄人，也就是同学，会扩大这些广告本身的影响力。有些时候父母并不想让孩子参加广告中的活动（比如补习班），但是一旦孩子的同学或者好朋友参加了，父母也会让孩子参加。所以，在这种推销广告方面，受访者认为学校需要进行控制。

> 在中国吧家长还是最焦虑的，别的孩子怎么样我也怎么样，所以小孩子的钱是最好赚的……（一位 10 岁男孩的父亲，年龄 40 岁）

受访者普遍认为现在的媒体给孩子创造的广告环境是有所欠缺的，尤其是互联网平台。他们希望网络广告在内容方面能够像传统广告那样得到净化，政府能够进行一定的监管，而且能够减少广告自动弹出的频率。然而，受访者也特别指出，以上也只是他们对于未来互联网广告发展的一种美好愿景，目前并没有抱太大的期望，这是因为网络是一个开放的平台，要去真正贯彻落实相关的法律法规难度比较大。

> 应该加强监管，去监管源头。广告能不能播出，这个要分辨……但是现在互联网这么发展，可能监管的难度也是很大的，所以这种只是作为一种美好的愿景吧。（一位 11 岁女孩的父亲，年龄 43 岁）

> 我现在觉得媒体太乱了，就是你媒体得有节操，我始终是这么觉得的，不能唯利是图，不能为了钱啥都可以网上放，但这个只是我的一个心愿啊。（一位 10 岁男孩的母亲，年龄 38 岁）

　　总之,父母对家庭之外的其他的社会化中介(比如学校、同伴、媒体等)所创造的广告环境有着不同的评价。受访者普遍认为学校创造的广告环境是相对安全的,但也需要进行一定的控制。他们对学校在调解孩子对广告回应方面并没有过多的期望。此外他们认为,同龄人之间的人际传播会增大广告的影响力,只要有广告通过同伴进行传播,那么肯定会直接影响孩子对广告做出一些回应。受访者认为,媒体的广告环境是最需要净化的,不管是在内容上还是在形式上,政府相关部门应该进行监管,但他们也认为这也许只是个人的一个心愿。所以,受访的父母在看待这些家庭之外的社会化中介为儿童创造的广告环境方面还是比较消极的,并没有寄予很高的期望。

　　可见,与个人主义文化不同,在集体主义文化的影响下,受访者心目中群体内和群体外的界限可能就比较明显。受访的父母把家庭作为一个内群体与其他的社会化中介区别开来,他们对于群体外的这些社会化中介是否能为孩子创造一个安全、健康的广告环境并不抱有非常积极的态度。受访者所强调的是,在理想状态下,不同的社会化中介可以一起努力为孩子创造安全、健康的广告环境,但他们并没有要求一定要做出行动。

# 七、研究 2:研究讨论

　　研究 2 使用深度访谈的研究方法,探究了在特定的中国文化背景下父母对儿童广告回应的调解方式和调解过程。具体来说,研究 2 主要探讨了父母对广告及其对子女影响的看法,父母如何调解儿童对广告回应,以及父母对其他社会化中介及其所创造的广告环境的态度和评价。

　　研究发现,父母能够意识到不同的广告对孩子有好的影响也可能会产生负面影响,但他们目前并不非常担心广告对孩子带来的负面影响。除此之外,受访者并不是非常关心目前孩子接触了哪些广告。这是由于父母相信他们在管理和限制孩子接触广告方面有很好的效果。受访者通过限制孩子接触手机、电脑等设备来保证孩子不会接触到许多会产生不良影响的广告。此外,受访者对传统广告(例如电视广告)有良好的评价,对孩子接触这类广告也比较放心,而且目前孩子也没有因为接触广告而做出一些让父母担心的行为。所以,父母在感知广告对孩子可能产生的影响层面非常自信,他们自信孩子很少甚至不会接触到有不良影响的广告。这种自信或许可以解释为什么本研究中的父母几乎不使用基于沟通对话的主动性调解。具体来说,因为父母相信他们的孩子处于一个相对安全的广告环境中,所以他们很少关心孩子接触了哪些广告,也感觉不需要跟孩子在广告方面有较多的主动性的沟通作为调解。

  然而,我们也看到,本研究中的父母很多时候是根据孩子是否因为广告而产生异样的行为(比如沉迷游戏)来判断广告是否给孩子带来了负面影响。儿童社会化的过程也是一种价值观、思维模式等思想上的成熟过程,孩子可能在行为模式上没有相应的表现,但是在思想上可能已受到某些广告的负面影响。在接触一些对孩子有负面影响的广告时,父母在不去了解孩子是怎么想的情况下,而仅仅是从孩子未来的行为中判断,是不能准确知道广告到底给孩子带来了怎样的影响的。有关亲子关系的研究表明,父母通常会低估孩子参与的不良社会行为和高估他们对孩子的控制(Cho & Cheon,2005;Liau et al.,2008)。这同样可能发生在本次研究的受访者身上——高估他们对孩子的控制而低估广告对孩子可能存在的不良影响。这可能是由于父母长期缺乏对孩子在思想上和行为上的了解而导致的。未来研究可以针对以上问题对父母和孩子共同进行深入访谈,这将对父母的判断是否正确以及孩子如何看待父母的管教方式提供更清晰的洞察。

  本研究中的受访父母更偏爱使用限制性调解而不是积极调解,而且他们使用时间限制比内容限制更加普遍。父母通过孩子所表现出来的行为知道孩子有没有接触到对他们有不良影响的广告,同时凭借所谓对孩子的了解而"知道"他们会不会去观看不适宜的广告。这些因素都是父母减少使用积极调解策略和内容调解策略的原因。再者,作为受到集体主义文化影响的国家,中国父母似乎更把家庭看成一个内部群体。在群体内,父母和孩子之间有一种与生俱来的亲密关系。父母认为他们有义务对孩子,尤其是年幼的孩子,进行某些干预和控制,以防止孩子受到外界的伤害,保证孩子能健康成长。

  限制性调解,不管是时间限制还是内容限制,都有其自身的优点。

和基于沟通对话的积极调解相比，限制性调解，尤其是时间上的限制会更加直接、更容易去实施，因为它不需要父母有过多的广告知识。除此之外，因为孩子可能每天都需要处理相同的问题（Nathanson，2001），基于规则的限制性调解会比积极调解更加方便。到最后，如果一个孩子能够遵从父母所制订的所谓的规则，这至少能够减少他/她接触某些不适宜的广告的几率。何况在父母眼中，孩子还不具备很强的自我控制能力，再加上限制性调解能够迅速、及时地被执行且效果显著，因此限制性调解在对孩子广告回应的调解有效性上被视作最优的选择，而本研究中的父母也明白这种策略的价值所在。

在本研究中，因为被访问的父母对于他们所使用的限制性调解比较满意，所以他们不会非常主动地把合作沟通放入父母对孩子的广告调解当中。不过，他们把亲子之间的沟通当作一种在将来能用到的，能为孩子创造安全、健康的广告环境的重要手段。因此，被访父母对于现在他们需要做什么以及将来他们应该做什么这两个问题有差异性的回答。他们理解儿童在消费者社会化过程中沟通的重要性，但是他们认为目前自己的孩子在广告方面还没有出现特别需要家长去沟通的需要。正如前文所述，受访父母不是非常关心目前孩子在接触哪些广告，那是因为他们相信即使没有使用积极的调解方式，孩子也不会去接触对儿童来说不适宜的广告，更别提广告带来的不良影响。另一方面，一些受访父母也表示，他们对一直使用限制性调解策略有些担忧。这主要是因为当孩子年龄越来越大时，他们会叛逆，会打破父母的管束，会更愿意接受同伴的意见，会拥有自己的手机、电脑等设备，会有更多的时间不和父母待在一起，而父母也不可能总在孩子身边监督他们。所以，被访父母认为当孩子逐渐长大后，也许他们自身的自觉性会比父母管教更加有效，因此应该从思想层面与孩子进行沟通,帮助孩子树立正确对待广告和回应广告的方式。这些父母的担忧也从侧面暴露了限制性策略的缺点,也就是这一策略可能在孩子年纪很小的时候、在孩子与父母经常待在一起的时候、在孩子愿意服从父母教导的时候能起到最好的作用。当孩子慢慢长大,它的作用可能会逐渐减弱。因此,对于年长的儿童及在成长过程中逐渐发展出自主性、独立性和自觉性的儿童来说,积极调解可能是一种更好的方式。在积极调解的过程中,孩子能及时回应父母的教导,他们也有能力去这么做,同时亲子间的积极互动也能更好地促进孩子内化父母的教导和期望。

虽然从现有的主要以西方国家为主的研究中发现,积极调解比限制性调解更加有效,但是我们也知道,积极调解需要付出更多的时间和精力。父母需要具备一定的广告知识和对广告的理解,他们也需要非常愿意和孩子就广告方面的内容及广告影响进行沟通对话。在本研究中,父母只会在意识到孩子受到广告的负面影响而做出某些异样的行为时才愿意对孩子进行有关广告的思想上的引导。受访父母通常感觉他们当前并不需要为孩子提供任何帮助,主要是因为他们没有在孩子身上发现与广告相关的需要父母引导的问题。

从其他的社会化中介来看,被访父母对学校为孩子创造的广告环境普遍比较放心。正如前文所述,学校是一个教育机构,父母普遍认为在对孩子是否会受到负面影响这方面,不必为学校担心,因为学校不会做对孩子有害的事情。然而,受访父母也表达了在调解广告对孩子影响的问题时,他们对学校并无抱有非常大的期望。父母认为,学校虽然是一个教育孩子的地方,但是受到中国基础教育的影响,学校的关注重点在于孩子的学习成绩,没有精力去关注课业之外的问题(例如广告)。除此之外,父母认为同龄人,也就是孩子的同伴、同班同学等对孩子接触广告以及对他们的影响非常大，这种影响主要体现在同龄人对广告的传播影响力层面。对于媒体，父母认为，在理想层面肯定需要政府或者相关监管部门对广告进行审查，尤其是通过手机、电脑传播的网络广告，但是父母对互联网这个开放的平台又感到无奈，认为想要具体实施监管难度很大。因此，父母对其他社会化中介一起为孩子创造一个更加安全、健康的广告环境并没有抱非常大的期望。这或许与中国父母在管教孩子方面受到集体主义文化的影响有关。在集体主义文化中，父母把家庭看作一个群体，而其他的社会化中介则是群体外的概念，且两个群体有非常明显的界限。对于在调解孩子的广告回应方面，群体内的父母对群体外的中介没有非常大的期待。与之相反，个人主义文化主导的西方国家则认为个体独立，因而对群体的概念以及群体间界限的感知比较淡薄。

另一方面，虽然被访父母在目前不是非常积极地寻求其他社会化中介的帮助，但他们也会担心在不远的将来，尤其是当孩子逐渐成长而愈发自主时，作为群体内的父母不再能有效地管教孩子。这种担忧在将来可能会把父母引向寻求其他社会化中介的帮助。在这种情况下，政府或者相关的组织或许可以提供帮助。这些组织通常有资源为其社会成员的交流和建立关系提供重要的平台，因此它们能为创造和维系社会关系（例如亲子关系）提供重要的沟通和交流的纽带（Haythornthwaite，2005）。由此，诸如政府和学校等有影响力的机构组织可以在促进亲子之间的交流以及教育父母如何更好地调解儿童对广告的回应中扮演积极而重要的角色。在所有社会化中介的共同努力下，孩子能减少接触不良广告的几率，树立正确的对待广告的观念，提高广告说服知识水平和提升广告素养。对父母来说，这些努力也能提升他们在广告方面的知识和素养，帮助他们更好地理解下一代,并在对调解孩子对广告回应的过程中更有针对性和策略性。

综上,研究 2 通过探究中国父母对儿童广告回应的调解及其背后的原因,为从文化维度上理解儿童消费者社会化和父母管教方式提供了一个定性研究的注解。研究发现有助于父母重新评估自己的调解策略,为今后实施更有效的调解儿童与广告关系的方式提供指导。研究结果也能帮助政府决策者和市场营销人员更好地理解当前父母对广告的看法和所采取的行动,政府决策者可以为父母提供有效的与广告素养相关的教育培训,市场营销人员则可以思考如何改进父母的广告观,让他们愿意接受广告,对广告有客观合理的评价,并能充分利用广告这个工具来促进孩子的社会化发展。

然而,我们目前只理解了广告语境下中国父母的典型管教方式,至于儿童如何内化父母的管教方式并对自身的消费社会化起作用,也即我们提出的第三个研究问题,需要进一步收集相关数据来回答。与此同时,通过以上研究我们也发现,同样作为重要的家庭外社会化中介,父母一致认为孩子受到同伴影响的效果大于学校,尤其当孩子愈发年长时。因此,在回答下一个研究问题,即"父母管教方式是如何影响儿童在消费者社会化过程中对广告的理解、如何影响儿童的广告参与"之前,我们在该问题中加入同伴这一关键的社会化要素,并对其加以简要论述。由此,下一个研究问题就变成,父母管教方式和同伴势力是如何影响儿童在消费者社会化过程中对广告的理解和广告参与的?

# 八、同伴影响

　　与同伴(peer)的互动是人类的基本行为,是产生于心理、生理和社会学的需求满足(Ward,1974)。同伴作为重要的社会化中介,对儿童的社会化过程以及广告参与过程起到重要的作用(Bukowski,Bredge,& Vitaro,2007)。认知发展研究也强调,与同伴的互动是儿童学习和社会化的重要推动力量。例如,Rozendaal等学者(2013)发现,9到12岁的儿童容易受到同伴的影响而对社交游戏上的广告品牌有强烈的偏好。随着儿童年龄的增长,父母的影响会逐渐减弱,与此同时,儿童会花越来越多的时间和同伴在一起(Shin & Lwin,2017),同伴影响日益提升(Maccoby,2007;Nathanson,2002;Turkle,2011)。尤其在家庭交流薄弱、具有社会导向型的家庭交流模式以及不稳定的家庭环境下,同伴影响的作用最为强烈(Moschis & Churchill,1978)。在互联网的支持下,儿童与同龄人相互交流的机会增多,来自不论是线上还是线下的同伴的影响都将更加普遍。

　　对儿童来说,年龄相仿的同伴是他们最常见也是最直接的行为参照对象。然而,与父母的社会化方式不同,同伴并不会对彼此的行为进行控制或限制,也不会以理想的社会化为目标在彼此间进行批判性讨论和道德纠正,来自同伴的价值观甚至有可能与父母的价值观体系有所冲突(Livingstone et al.,2011;Nathanson,2011)。有学者认为,由于同伴并没有承担传递合乎道德的行为准则的责任,同伴间的沟通很有可能带来负面意图和风险行为(Gentile et al.,2012)。

　　同伴间的影响可以用社会规范理论中的指令性规范来解释,即当群体中的同伴对某一行为认同,则出于这种理由人们更愿意做出获得认同的行为(Bearden,Netemeyerm,& Teel,1989)。儿童为了能够显得更加合群,他们往往会通过对比自己与同伴的某些行为,来逐渐调整自己以获得与同伴群体相似的一些普遍的行为(van Hoorn,Crone,& van Leijenhorst,2017)。随着年龄增长,出于社会认同感的不断增强,儿童会对与同伴行为的相似程度更加敏感,从而更愿意做出与同伴一样的行为(van Hoorn et al.,2017)。同伴影响的另一个解释是社会化理论中的社会化学习(Moschis & Churchill,1978)。在相互交流中,同伴成为态度和行为规范的传递者,儿童则通过学习同伴来评价和校正自己的态度和行为(Bush,Smith,& Martin,1999)。儿童在与同伴的社会互动中不断习得和培养社会情感能力,所习得的价值观和行为则进一步影响和塑造自身的行为(Sasson & Mesch,2014),并成为回应消费环境中遇到的新问题的工具。随着成长中的儿童逐渐意识到自己能够脱离家庭并独立构建个人的社交关系,他们更倾向于通过观察同伴来尝试塑造自己独特的态度和行为准则。

　　在传统的消费者社会化情景中,社会化中介都是现实生活中的、可直接接触和面对面交流的。在网络、尤其是社交媒体的使用语境下,社会化可以在由互相认识或不认识的人组成的虚拟社群中进行。儿童与同伴在社交媒体的共同参与中通过模仿、观察和互动,将同伴作为重要的行为参照者,实现个人的消费者社会化。社交媒体上的学习过程也包括了树立典范、强化行为以及社会互动三种机制(Lueg &

Finney，2007）。同伴在社交媒体中展示自己拥有的某样品牌、产品或服务，儿童就可以通过动态发布、好友间互相提醒、甚至在品牌主的消息中了解到该信息并尝试做出类似的消费行为，这就是一种模仿；同伴对儿童参与社交媒体广告的行为（例如根据广告主要求进行内容分享）进行肯定，做出点赞或收藏等行为以表认同，这就是一种强化巩固的方式；儿童与同伴在社交媒体广告的诱导下对广告内容进行积极的讨论、参与广告主提倡的行为，这就是一种社会互动方式（Wang，Yu，& Wei，2012）。因此，同伴在社交媒体广告参与的语境下同样能够承担社会化中介的重要角色。

相比于以往通常将同伴定义为现实生活中年龄相仿或社会地位相仿的人，Miller 和 Morris（2016）将网络媒体平台上的同伴称为虚拟同伴，即仅仅在网络环境中交流过，但没有在现实生活中面对面见过对方的关系。他们认为，参与虚拟交流的人会同时受到现实同伴与虚拟同伴的影响，这两种同伴的根本区别在于沟通的便捷性和地缘的接近性。因此，儿童在网络社交关系中继续进行社会化过程，并在行为展示和行为强化中探索由自己构建的社交圈子的行为规范（Sherman，Payton，Hernandez，Greenfield，& Dapretto，2016）。

消费者倾向于与同伴就消费问题进行交流，这在很大程度上影响了他们对产品和服务的偏好，包括购物行为（Bellenger & Moschis，1981）、购物取向（Shim & Gehrt，1996）和消费决策（Moschis & Moore，1984；Singh，Chao，& Kwon，2006）。结合消费者语境，儿童最易从同伴处习得的是对消费主义象征和对物质主义象征的理解。例如，Bachmann 等人（1993）发现，同伴影响尤其对某些类型的产品（例如公共奢侈品）起作用，而较少影响其他类型的产品（例如私人必需品）。在另一个研究中，Achenreiner（1997）发现，受同伴影响的敏感性与儿童的物质主义态度呈正相关。此外,儿童更容易受到同伴影响而具有反社会态度(Nathanson,2001)和物质主义倾向(Moore & Moschis,1980),参与风险行为(Gardner & Steinberg,2005;Sasson & Mesch,2014)、吸烟(Paek,2008)、网络暴力(Hinduja & Patchin,2013)和冲动购物(Kamaruddin & Mokhlis,2003)。

综上,一系列和消费者社会化相关的文献表明,除了家庭成员外,同伴是儿童社会化过程中最主要的中介。因此,在接下来的研究中,除了父母因素,我们还将考查儿童在现实生活中的同伴和他们的网络虚拟同伴是如何影响他们的广告社会化。

# 九、研究3:研究方法

## (一)参与者和研究设计

本研究是一项由父母和儿童共同参与数据收集的、有关儿童消费者社会化的大型研究中的一部分。其中,儿童方面数据的参与者、参与过程及研究问卷设计同研究1。问卷测量了感知父母媒介介入、感知现实同伴社交媒体广告参与、感知虚拟同伴社交媒体广告参与、社交媒体广告说服知识、品牌购买意愿,以及社交媒体广告的品牌参与。此外还测量了网络和社交媒体使用情况、数字素养、社交媒体广告总体态度,以及人口统计学变量,这些变量主要作为统计分析中的控制变量。

## (二)问题测量

我们选择测量感知父母媒介介入而不是其他父母管教方式(例如父母调解策略、家庭沟通模式、家长监督等),这是因为,首先,从研究2的结果可见,中国父母几乎不参与基于沟通的、主动的广告调解策略,他们或限制、或回避、或观察;其次,现有文献显示,大部分父母对新媒体广告,尤其是广告游戏、社交媒体广告等的理解非常有限(请参考"三、父母的广告说服知识"一章),因此,很难想象他们有足够的知识和孩子讨论新媒体广告,并有效地教育和保护孩子;最后,感知父母媒介介入能从孩子的角度来捕捉他们如何看待父母的管教以及是否内化了父母的管教。同时该理论对主动调解和限制性调解在调解方式上做了更深的细分。

感知父母媒介介入的测量使用 Valkenburg 等人(2013)的量表。该量表包括8个主题项和20个后续题项。8个主题项中,4个题项测量限制性介入,另外4个测量主动性介入。以限制性介入的题项为例,每一个主题项向受访者询问一道有关感知父母限制性介入的频率问题。例如,"因为某些电视节目或电影包含过多暴力镜头,你的父母会多常禁止你观看这些节目或电影?"答题选项为"1从不禁止","2几乎从不禁止","3有时禁止","4经常禁止"到"5总是禁止"的五级量表。紧接着以上题项,受访者被继续问到:"如果你的父母会告诉你禁止观看,他们会如何与你谈论这个问题?"这一问题后紧跟着三个有关父母介入方式的后续题项:他们会"生气,如果我仍旧想看这些电视节目或电影"(感知控制的限制性媒介介入),"解释给我听为什么最好不要观看这些电视节目或电影"(感知自主支持的限制性媒介介入),"告诉我我不能看这些电视节目或电影,但是我知道下次我想看这些电视节目或电影时,他们会让我看"(感知不连贯的媒介介入)。每个后续题项的答题选项是从"1完全不正确"到"5完全正确"的五级量表。同样,以主动性介入的题项为例,每一个主题项向受访者询问一道有关感知父母主动介入的频率问题。例如,"你的父母多常告诉你,在电影和电视节目上看到的内容与现实生活是不一样的?"答题选项为"1从不告诉","2几乎从不告诉","3有时告诉","4经常告诉"到"5总是告诉"的五级量表。紧接着以上题项,受访者被继续问到:"如果你的父母会告诉你这些,他们会如何与你谈论这个问题?"这一问题后紧跟着两个有关父母介入方式的后续题项：他们会"重视他们自己的观点而不是我的观点"（感知控制的主动性媒介介入），"他们鼓励我发表我自己的观点"（感知自主支持的主动性媒介介入）。综上，每种媒介介入方式都会有 4 个后续题项来测量。每个后续题项的答题选项是从"1完全不正确"到"5 完全正确"的五级量表。根据 Valkenburg et al. (2013)，因为 8 个主题项不提供有关父母介入方式的区别信息，因此统计分析仅使用该量表中的 20 个后续题项。

有关同伴影响的测量，我们关注于儿童所感知的同伴的社交媒体广告参与。因为如前文所述，同伴间的影响机制，一是指令性规范，即希望做出和同伴相似的行为来增加认同感；二是社会化学习，即通过互动、观察和模仿来评价和修改自己的态度和行为。因此，我们假设，同伴的社交媒体广告参与会影响儿童的社交媒体广告理解和广告参与。我们使用并修改了研究 1 中有关社交媒体广告参与的量表，首先，将问题人物主体改为同伴，例如，"回忆你现实生活中的同伴（例如你的同学、好朋友）以及你和他/她的沟通，你是否同意以下说法？""回忆与你相识的网友（例如网上认识的同龄人、好朋友，但是现实生活中不认识）以及你和他/她之间的沟通，你是否同意以下说法？"其次，将每一题项的人物主体也改为同伴，例如，"我大部分网友认为可以在评论广告或品牌时向其他人发送图片或视频"，"我大部分同伴认为可以公开实时定位或地址信息"。每一题项均以"非常同意"，"同意"，"不一定"，"不同意"和"非常不同意"五点量表作为答题选项。

其他变量的测量均同研究 1。

# 十、研究 3:研究发现

　　由于感知父母媒介介入、感知现实同伴社交媒体广告参与和感知虚拟同伴社交媒体广告参与是新增变量,我们在统计分析前先对这三个变量的数据进行处理。

　　在感知父母媒介介入理论模型中,介入方式被区分成了控制的限制性介入、自主支持的限制性介入、控制的主动性介入、自主支持的主动性介入以及不连贯介入五种测量类型。因此,我们先使用验证性因子分析对测量模型进行效度检验,在因子抽取方法上选择了极大似然法,在转轴上使用直交转轴的最大变异法。结果显示,测量模型的 KMO=0.908,表示题项变量间的关系很好,具有共同因素存在,变量适合进行因素分析。各测量题项均能完美对应所假设的因子,且荷载量在 0.54 和 0.96 之间。五个因子共可解释全量表 55.61% 的变异量。验证结果支持该模型。因此,我们将每种类型的介入方式在数据上取平均值用于统计分析——控制的限制性介入(Cronbach's $\alpha$=0.81)、自主支持的限制性介入(Cronbach's $\alpha$=0.84)、控制的主动性介入(Cronbach's $\alpha$=0.83)、自主支持的主动性介入(Cronbach's $\alpha$=0.78)、不连贯介入(Cronbach's $\alpha$=0.86)。在对感知现实同伴社交媒体广告参与(Cronbach's $\alpha$=0.94)和感知虚拟同伴社交媒体广告参与(Cronbach's $\alpha$=0.92)的数据进行逆向编码后(编码后的数据数值越大,表示对同伴的态度和行为越赞同),分别同样取均值。

下一步,我们对广告说服知识和社交媒体广告参与分别进行了多元分层回归分析。在每一次回归分析里,儿童的性别、年龄、社交媒体使用频率和每次使用时长、数字素养以及对社交媒体广告的总体态度被作为控制变量放入回归方程式的第一层模型,感知父母媒介介入、现实同伴社交媒体广告参与以及虚拟同伴社交媒体广告参与作为自变量放入回归方程式的第二层模型。因变量则分别是每一种广告说服知识和广告参与的四个阶段。表 26 综合展示了广告说服知识的分析结果,表 27 综合展示了广告参与的分析结果,其中 $\beta$ 系数为标准化后的值。

## (一)父母和同伴对儿童社交媒体广告说服知识的影响

我们从概念性广告说服知识、态度性广告说服知识和伦理性广告说服知识三个方面来看分析结果。概念性广告说服知识包括广告识别、广告来源识别、广告目的理解、广告销售意图理解和广告说服意图理解。从表 26 可见,限制性介入方式和不连贯的介入方式在一定程度上与广告销售意图($\beta_{控制限制性} = -0.08$,$p < 0.05$;$\beta_{不连贯} = -0.09$,$p < 0.05$)、广告说服意图理解($\beta_{自主支持限制性} = -0.15$,$p < 0.001$;$\beta_{不连贯} = -0.12$,$p < 0.001$)成反比,这说明限制性和不连贯的介入方式不利于儿童正确理解广告的商业目的;但是主动性介入方式,无论是感知控制的,还是感知自主支持的,都对理解广告销售意图($\beta_{控制主动性} = 0.14$,$p < 0.001$;$\beta_{自主支持主动性} = 0.10$,$p < 0.01$)和广告说服意图($\beta_{控制主动性} = 0.13$,$p < 0.001$;$\beta_{自主支持主动性} = 0.20$,$p < 0.001$)有积极作用,其中感知控制的主动性介入也有助于提升儿童的广告识别能力($\beta = 0.14$,$p < 0.001$)。这些结果与 Vanwesenbeeck 等学者(2016)的发现有一致和

不一致的地方。一致的是,他们的研究显示,自主支持的主动性介入能提升儿童对广告说服意图的理解。这同我们的研究发现一起肯定了自主支持的主动性介入对理解广告说服意图的有效性。然而不一致的是,他们也发现,自主支持的限制性介入能提高儿童对广告销售意图的理解。

在我们的研究中,自主支持的限制性介入只能提高儿童对广告来源的识别($\beta=0.15$, $p<0.001$)、广告目的的识别($\beta=0.13$, $p<0.01$),增强儿童的态度性广告说服知识($\beta_{广告怀疑}=0.16$, $p<0.001$;$\beta_{广告反感}=0.14$, $p<0.001$)和伦理性广告说服知识($\beta=0.10$, $p<0.01$)。虽然Vanwesenbeeck 等人(2016)也假设自主支持的限制性介入能提升儿童对广告的批判性态度,但这在他们的研究中并没有得到支持。我们的结果也显示,主动性介入方式,不论是感知控制的,还是感知自主支持的,都与儿童的态度性广告说服知识及伦理性广告说服知识成反比,不连贯的介入方式与态度性和伦理性广告说服知识无显著相关。如果综合比较这五种介入方式对儿童广告说服知识的影响,可见影响相对较少的是感知控制的限制性介入方式。

感知同伴的社交媒体广告参与对儿童的广告说服知识也有一定程度的影响。虚拟同伴会积极影响儿童对广告说服意图的理解($\beta=0.11$, $p<0.05$);现实同伴的影响则更加广泛,对广告目的理解($\beta=0.15$, $p<0.01$)、广告销售意图理解($\beta=0.28$, $p<0.001$)和广告说服意图理解($\beta=0.22$, $p<0.05$)都有正面作用,而且从系数值看比虚拟同伴的影响更大。但是现实同伴对儿童的广告反感起反作用($\beta=-0.10$, $p<0.05$),儿童越认为现实同伴在积极参与社交媒体广告,他们就越讨厌广告。

表 26　父母和同伴对社交媒体广告说服知识影响的多元分层回归分析

| | 广告识别 | 广告来源识别 | 广告说服知识 | | | | | |
| | | | 广告目的理解 | 广告销售意图理解 | 广告说服意图理解 | 广告怀疑 | 广告反感 | 广告伦理态度 |
| | β | β | β | β | β | β | β | β |
|---|---|---|---|---|---|---|---|---|
| 性别 | 0.06 | 0.12*** | −0.07* | −0.05 | −0.09** | 0.14*** | 0.10** | 0.18*** |
| 年龄 | 0.13*** | 0.25*** | −0.11** | −0.13** | 0.02 | −0.15*** | −0.14*** | −0.17*** |
| 数字素养 | 0.25*** | 0.21*** | 0.23*** | 0.11** | 0.01 | −0.26*** | −0.11** | −0.22*** |
| 社交媒体使用频率 | 0.03 | 0.08* | −0.03 | 0.02 | 0.01 | −0.06 | −0.07 | −0.14*** |
| 社交媒体使用时长 | −0.09** | −0.10** | 0.10** | 0.08* | 0.01 | −0.07* | −0.13*** | −0.01 |
| 社交媒体广告整体态度 | −0.04 | −0.04 | 0.07 | 0.24*** | 0.14 | −0.17*** | −0.20*** | −0.23*** |
| $R^2$ | 0.14*** | 0.22*** | 0.06*** | 0.09*** | 0.10*** | 0.20*** | 0.14*** | 0.25*** |

模型1

续表

| 模型2 | 广告识别 β | 广告来源识别 β | 广告说服知识 广告目的理解 β | 广告销售意图理解 β | 广告说服意图理解 β | 广告怀疑 β | 广告反感 β | 广告伦理态度 β |
|---|---|---|---|---|---|---|---|---|
| 性别 | 0.06 | 0.11*** | −0.05 | −0.05 | −0.08** | 0.12*** | 0.08** | 0.18*** |
| 年龄 | 0.18*** | 0.24*** | −0.11** | −0.10** | 0.05 | −0.17*** | −0.15*** | −0.18*** |
| 数字素养 | 0.23*** | 0.18*** | 0.22** | 0.11** | 0.03 | −0.22*** | −0.07 | −0.19*** |
| 社交媒体使用频率 | 0.03 | 0.05 | −0.03 | −0.01 | −0.03 | 0.01 | 0.00 | −0.08* |
| 社交媒体使用时长 | −0.11** | −0.11*** | 0.09* | 0.06 | −0.01 | −0.00 | −0.06 | 0.04 |
| 社交媒体广告整体态度 | −0.02 | −0.03 | 0.02 | 0.13*** | 0.17*** | −0.17*** | −0.20*** | −0.23*** |
| 感知控制的限制性介入 | −0.07 | 0.07 | −0.03 | −0.08* | −0.05 | −0.06 | −0.07* | −0.05 |
| 感知自主支持的限制性介入 | 0.06 | 0.15*** | 0.13** | 0.01 | −0.15*** | 0.16*** | 0.14*** | 0.10** |
| 不连贯介入 | 0.07* | 0.04 | 0.12** | −0.09* | −0.12*** | −0.03 | −0.05 | −0.00 |
| 感知控制的主动性介入 | 0.14*** | 0.05 | −0.07 | 0.14*** | 0.13*** | −0.25*** | −0.20*** | −0.22*** |
| 感知自主支持的主动性介入 | −0.07 | 0.00 | −0.03 | 0.10* | 0.20*** | −0.33*** | −0.31*** | −0.28*** |
| 现实同伴影响 | 0.04 | −0.00 | 0.15** | 0.28*** | 0.22*** | −0.05 | −0.10* | −0.02 |
| 虚拟同伴影响 | −0.09 | 0.01 | −0.07 | −0.02 | 0.11* | −0.05 | −0.00 | −0.06 |
| $R^2$ | 0.17*** | 25*** | 0.09*** | 0.16*** | 0.21*** | 0.36*** | 0.27*** | 0.36*** |

* $p < 0.05$
** $p < 0.01$
*** $p < 0.001$

### （二）父母和同伴对儿童社交媒体广告参与的影响

社交媒体广告参与分为四个阶段：中立消费阶段、积极过滤阶段、认知和情感加工阶段以及品牌支持阶段。从感知父母媒介介入方式来看，限制性介入方式，不管是感知控制的，还是感知自主支持的，都和中立消费阶段的广告参与程度呈负相关（$\beta_{控制限制性}=-0.12$，$p<0.01$；$\beta_{自主支持限制性}=-0.12$，$p<0.01$）。但是，限制性介入方式与积极过滤阶段（$\beta_{控制限制性}=0.21$，$p<0.001$；$\beta_{自主支持限制性}=0.20$，$p<0.001$）和品牌支持阶段（$\beta_{自主支持限制性}=0.12$，$p<0.01$）的广告参与程度成正相关。也就是说，越是使用限制性介入方式，儿童在这两个阶段的广告参与越积极。同样，不连贯的介入方式也与积极过滤阶段（$\beta=0.09$，$p<0.01$）、认知和情感加工阶段（$\beta=0.12$，$p<0.001$）以及品牌支持阶段（$\beta=0.13$，$p<0.001$）的品牌参与程度呈正相关。

与之相反，主动性介入，不管是感知控制的，还是感知自主支持的，对积极过滤阶段（$\beta_{控制主动性}=-0.13$，$p<0.001$；$\beta_{自主支持主动性}=-0.13$，$p<0.01$）、认知和情感加工阶段（$\beta_{控制主动性}=-0.07$，$p<0.05$；$\beta_{自主支持主动性}=-0.07$，$p<0.05$）以及品牌支持阶段（$\beta_{控制主动性}=-0.10$，$p<0.01$；$\beta_{自主支持主动性}=-0.25$，$p<0.001$）的广告参与都有消极作用，也即主动性介入能减少这三个阶段的广告参与程度。主动性介入和不连贯的介入不影响中立消费阶段的广告参与。

感知同伴的社交媒体广告参与对儿童的社交媒体广告参与也有显著的影响。其中，现实同伴正向影响积极过滤阶段（$\beta=0.11$，$p<0.05$）、认知和情感加工阶段（$\beta=0.33$，$p<0.001$）以及品牌支持阶段（$\beta=0.15$，$p<0.01$）的广告参与程度，虚拟同伴则对四个阶段的广告参与程度都有积极显著的影响。从影响效果上看，虚拟同伴对中立消

费阶段($\beta=0.42$，$p<0.001$)和积极过滤阶段($\beta=0.28$，$p<0.001$)的广告参与的影响比现实同伴要强，但是在认知和情感加工阶段($\beta=0.14$，$p<0.01$)不及现实同伴。

表 27　父母和同伴对社交媒体广告参与影响的多元分层回归分析

| | | 社交媒体广告参与 | | | |
|---|---|---|---|---|---|
| | | 中立消费阶段 | 积极过滤阶段 | 认知和情感加工阶段 | 品牌支持阶段 |
| | | $\beta$ | $\beta$ | $\beta$ | $\beta$ |
| 模型1 | 性别 | 0.01 | 0.02 | −0.04 | −0.12*** |
| | 年龄 | −0.07 | 0.17*** | −0.33*** | −0.28*** |
| | 数字素养 | −0.01 | 0.14*** | −0.11** | −0.04 |
| | 社交媒体使用频率 | 0.19*** | −0.01 | 0.07* | 0.03 |
| | 社交媒体使用时长 | −0.07* | 0.07* | 0.01 | 0.01 |
| | 社交媒体广告态度 | 0.18*** | 0.16*** | 0.14*** | 0.19*** |
| | $R^2$ | 0.06*** | 0.10*** | 0.17*** | 0.14*** |
| 模型2 | 性别 | 0.06* | 0.06 | 0.03 | −0.07* |
| | 年龄 | −0.00 | 0.15*** | −0.30*** | −0.25*** |
| | 数字素养 | 0.06 | 0.16*** | −0.09** | −0.01 |
| | 社交媒体使用频率 | 0.14*** | −0.10** | 0.00 | −0.01 |
| | 社交媒体使用时长 | −0.05 | 0.09** | 0.02 | 0.04 |
| | 社交媒体广告态度 | −0.04 | −0.02 | −0.10** | 0.01 |
| | 感知控制的限制性介入 | −0.12** | 0.21*** | 0.02 | 0.03 |
| | 感知自主支持的限制性介入 | −0.12** | 0.20*** | −0.00 | 0.12** |
| | 不连贯介入 | 0.05 | 0.09** | 0.12*** | 0.13** |
| | 感知控制的主动性介入 | −0.01 | −0.13*** | −0.07* | −0.10** |
| | 感知自主支持的主动性介入 | −0.02 | −0.13** | −0.07* | −0.25*** |
| | 现实同伴影响 | 0.07 | 0.11* | 0.33*** | 0.15** |
| | 虚拟同伴影响 | 0.42*** | 0.28*** | 0.14** | 0.18*** |
| | $R^2$ | 0.28*** | 0.24*** | 0.33*** | 0.24*** |

\* $p<0.05$

\*\* $p<0.01$

\*\*\* $p<0.001$

# 十一、研究 3:研究讨论

研究 3 在现有文献的基础上提问感知父母媒介介入和同伴的社交媒体广告参与会如何影响儿童对社交媒体广告的理解和广告参与。我们的数据对此做出了解答。

一方面,分析结果表明,父母管教方式对儿童的社交媒体广告说服知识的影响是全面的、复合性的。我们的数据证实,感知主动性介入,不论是控制的,还是自主支持的,都能有效提升儿童对广告销售意图和广告说服意图的理解,而限制性介入和不连贯介入对这两类广告说服知识的理解都有消极影响。然而,这并不是父母介入方式对儿童广告说服知识理解的全貌。数据显示,感知自主支持的限制性介入对态度性广告说服知识和伦理性广告说服知识也有积极的作用,肯定了限制性介入也是有效的(Valkenburg et al.,2013)。不过,这种限制性介入的效果建立在父母对孩子具有"自主支持"的态度上,也就是说,父母会给孩子解释其限制的理由,并听取儿童的意见,孩子因此能学习父母的观点和需求,培养批判性思维方式和技能。相反,如果父母只是一味地用控制的方法来限制孩子的媒介使用行为,这不仅不能影响儿童对广告的理解,甚至对个别广告说服知识(例如销售意图理解和广告反感)有消极作用。

另一方面,虽然主动性介入得到了现有文献的绝大多数的支持,但我们的数据显示，主动性介入不利于孩子提升对广告的怀疑、批判性态度及伦理观。父母在媒介介入上越是使用主动性介入，孩子反而越相信广告、越喜欢广告、越认为广告是合理的。我们怀疑这可能与父母在其"主动"过程中和孩子谈论的具体内容有关。从研究 2 的结果中可知，中国的父母对媒介和广告的认知有限，他们对广告对孩子的影响并没有表现出应有的担心，也不会主动去纠正孩子的广告观，尤其在没发现孩子有任何异常情况前。在这种条件下，孩子对广告的看法可能会任意发展，甚至得到鼓励。未来的研究可以深入调研父母在主动介入的过程中和孩子互动的具体方式和谈论内容。

此外，父母的介入方式对孩子广告参与也产生了极大的影响。从分析结果来看，控制性介入对广告参与度较低的阶段，即中立消费阶段，有显著的负作用。父母平时采取限制性介入手段管理孩子的媒介使用行为，可以有效地减少儿童对社交媒体广告的点击、向广告主公开个人信息、公开定位、允许 App 授权等行为。然而，当参与程度逐渐提高，到了积极过滤阶段时，父母的限制性介入反而对儿童的广告参与起到了积极的作用。这很可能是因为，在积极过滤阶段，儿童已经开始对广告或品牌产生情感倾向，并会用点赞、关注、收藏与品牌相关的公众号等来进行情感投资。此时，父母的限制管教很可能会引起儿童的抵抗，产生抗拒效应（Brehm & Brehm, 1981）。也就是说，父母越是限制，他们越要积极参与。限制性介入的消极作用也体现在对品牌支持阶段的广告参与的影响上。参与这一阶段的儿童几乎可以说是广告和品牌的传教士，对品牌倾注了极大的热情。因此，他们对抗父母限制性管教的意图可能更明显。和限制性介入一样，不连贯介入对后三个阶段的广告参与的影响效果也是显著且积极的。

与此相对，虽然主动性介入对中立消费阶段的儿童广告参与不起任何作用，但主动性介入却显著地影响了积极过滤阶段、认知和情感阶段和品牌支持阶段的广告参与。主动性介入，不管是控制的，还是自主支持的，都能有效地减少儿童在这三个阶段的广告参与程度。这说明，父母平时在对儿童的媒介使用行为进行管教时，经常采取主动讨论的方式和彼此尊重的态度，可以在一定程度上培养孩子良好的媒介使用习惯。儿童减少社交媒体广告参与也许并不完全是因为儿童的广告说服知识提高了，在父母的影响下，他们对广告参与行为也有了批判性的认知。

我们看到，同伴对儿童的社交媒体广告说服知识和广告参与的影响也是极其显著的。相比于虚拟同伴，儿童的广告说服知识受到现实同伴的影响更广泛一些。这可能是因为儿童与现实中的伙伴有更多人际间面对面交流的机会，同时可探讨的话题，包括消费话题在内，也更广泛；而虚拟同伴或网友通常是由于某一特定爱好或对某一话题共同感兴趣而结识的，这些话题可能不包括消费话题。研究显示，儿童与同伴间有关产品消费的人际交流会积极影响儿童的市场知识（Moschis，1978）。

儿童对同伴在某网络行为上的感知，也会积极影响儿童在网络上行使这一行为（Hinduja & Patchin，2013；Sasson & Mesch，2014），我们的参与者对其同伴在社交媒体上广告参与的感知促进了他们的广告参与。这很可能是因为儿童受到了同伴指令性规范的影响，即认为群体中的同伴认可了某些行为，并都在参与这些行为，于是自己也愿意参与其中（Sasson & Mesch，2014）。在过去的研究中，线下背景的现实同伴规范已获得了较多的关注和研究，线上虚拟同伴的研究相对较少。虽然在网络环境中，同伴规范可能会随着线上技术的发展而演变，但同伴间的三种社会学习机制，即树立典范、强化行为和社会互动在社交媒体上也同样适用(Lueg & Finney，2007)。我们的研究证实,虚拟同伴是儿童参与社交媒体广告强有力的学习对象和影响因素。

# 十二、总　结

　　建立于实证数据之上，本书通过三个研究探讨了 9 至 15 岁的儿童在消费者社会化过程中如何理解社交媒体广告（即社交媒体广告说服知识）、如何参与社交媒体广告（研究 1），父母是如何管教孩子对广告的回应（研究 2），以及父母和同伴如何影响儿童的广告说服知识和广告参与（研究 3）。书中的所有研究问题都是第一次提出，在东方和西方的现有文献中都不曾被研究过，研究结果具有原创性。这也是本研究对现有关于消费者社会化和广告学研究的最大贡献。感兴趣的学者可以在本研究的基础上提出新问题、新方法，继续探索新答案。

# 参考文献

Achenreiner, G. B. (1997). Materialistic values and susceptibility to influence in children. Advances in Consumer Research, 24 (1), 82-88.

Acuff, D. (2005). Taking the guesswork out of responsible marketing. Young Consumers, 6(4), 68-71.

Algesheimer, R. , Dholakia, U. M. ,& Herrmann, A. (2005). The social influence of brand community: Evidence from European car club. Journal of Marketing, 69 (3), 19-34.

An, S. , Jin, H. S. , & Park, E. H. (2014). Children's advertising literacy for advergames: Perception of the game as advertising. Journal of Advertising, 43(1), 63-72.

An, S. , & Stern, S. (2011). Mitigating the effects of advergames on children. Journal of Advertising, 40(1), 43-56.

Austin, E. W. , Bolls, P. , Fujioka, Y. , &Engelbertson, J. (1999). How and why parents take on the tube. Journal of Broadcasting & Electronic Media, 43, 175-192.

Anderson, J. R. ,& Bower, G. H. (1973). Human Associative Memory. Washington, DC: Winston and Sons.

Anderson, L. B. , & McCabe, D. (2012). A co-constructed world: Adolescent self-socialization on the Internet. Journal of Public Policy & Marketing, 31(2), 240-253.

Bachmann, G. R. , John, D. R. , & Rao, A. R. (1993). Children's susceptibility to peer group purchase influence: An exploratory investigation. Advances in Consumer Research, 20(1), 463-468.

Bandura, A. (1969). Principles of Behavior Modification. New York, NY: Holt, Rinehart and Winston.

Bandura, A, & Walters, R. H. (1963). Social Learning and Personality Development. New York, NY: Holt, Rinehart, and Winston.

Banks, S. , & Gupta, R. (1980). Television as a dependent variable, for a change. Journal of Consumer Research, 7 (3), 327-330.

Barcus, F. E. (1969). Parental influence on children's television viewing. Television Quarterly, 4, 63-73.

Baumrind, D. (1966). Effects of authoritative parent control on child behavior. Child Development, 37(4), 887-907.

Baumrind, D. (1971). Current patterns of parental authority. Developmental Psychology Monograph, 4(January), 1-103.

Baumrind, D. (1978). Parental disciplinary patterns and social competence in children. Youth and Society, 9, 238-276.

Baumrind, D. (1980). New directions in socialization research. American Psychologist, 35(7), 639-652.

Baumrind, D. (1991a). The influence of parenting style on adolescent competence and substance use. Journal of Early Adolescence, 11(1), 56-95.

Baumrind, D. (1991b). Parenting style and adolescent development. In R. M. Lerner, A. C. Peterson, &J. Brooks-Gunn (Eds.), Encyclopedia of Adolescence (pp. 746-758). New York, NY: Garland.

Bearden, W. O., Netemeyerm, R. G., & Teel, J. E. (1989). Measurement of consumer susceptibility to interpersonal influence. Journal of Consumer Research, 15(4), 473-481.

Becker, W. C. (1964). Consequences of different kinds of parental discipline. In M. L. Hoffman& W. Hoffman (Eds.), Review of Child Development Research, Volume 1 (pp. 169-208). New York, NY: Russell Sage Foundation.

Bellenger, D. N., &Moschis, G. P. (1981). A socialization model of retail patronage. Advances in Consumer Research, 9(1), 372-378.

Bertrand, M., Karlan, D., Mullainathan, S., Shafir, E., &Zinman, J. (2010). What's advertising content worth? Evidence from a consumer credit marketing field experiment. Quarterly Journal of Economics, 125(1), 263-307.

Bettany, S. M., &Kerrane, B. (2016). The socio-materiality of parental style: Negotiating the multiple affordances of parenting and child welfare within the new child surveillance technology market. European Journal of Marketing, 50(11), 2041-2066.

Bijmolt, T. H. A., Claassen, W., &.Brus, B. (1998). Children's understanding of TV advertising: Effects of age, gender, and parental influence. Journal of Consumer Policy, 21(2), 171-194.

Blosser, B. J., & Roberts, D. F. (1985). Age differences in children's perceptions of message intent: Responses to TV news, commercials, educational spots, and public service announcements. Communication Research, 12, 455-484.

Bocking, S., &.Bocking, T. (2009). Parental mediation of television. Journal of Children and Media, 3(3), 286-302.

Boerman, S. C., Kruikemeier, S., & Borgesius, F. J. Z. (2018). Exploring Motivations for Online Privacy Protection Behavior: Insights from Panel Data. Communication Research, 1-25.

Boush, D. M., Friestad, M., & Rose, G. M. (1994). Adolescent skepticism toward TV advertising and knowledge of advertiser tactics. Journal of Consumer Research, 21(1), 165-175.

Brehm, J. W. (1966). A theory of psychological reactance. New York: Academic Press.

Brehm, S. S., & Brehm, J. W. (1981). Psychological reactance: A theory of freedom and control. San Diego, CA: Academic Press.

Brettel, M., Reich, J. C., Gavilanes, J. M., & Flatten, T. (2015). What drives advertising success on Facebook? An advertising-effectiveness model measuring the effects on sales of 'likes' and other social-network stimuli. Journal of Advertising Research, 55(2), 162-175.

Brodie, R. J. , Ilić, A. , Jurić, B. , & Hollebeek, L. (2013). Consumer engagement in a virtual brand community: An exploratory analysis. Journal of Business Research, 66(1), 105-114.

Brodie, R. J. , Hollebeek, L. D. , Jurić, B. & Ilić, A. (2011). Customer engagement: Conceptual domain, fundamental propositions, and implications for research. Journal of Service Research, 14(3), 252-271.

Brown, C. L. , & Krishna, A. (2004). The skeptical shopper: A metacognitive account for the effects of default options on choice. Journal of Consumer Research, 31(3), 529-539.

Brown, J. R. , & Linne, O. (1976). The family as mediator of television's effects. In R. Brown (ed.), Children and Television (pp. 184-198). Beverly Hills, CA: Sage.

Brown, S. (2004). O customer, where art thou? Business Horizons, 47(4), 61-70.

Brucks, M. , Armstrong, G. M. , & Goldberg, M. E. (1988). Children's use of cognitive defenses against television advertising: A cognitive response approach. Journal of Consumer Research, 14, 471-482.

Bush, A. J. , Smith, R. , & Martin, C. (1999). The influence of consumer socialization variables on attitude toward advertising: A comparison of African-Americans and Caucasians. Journal of Advertising, 28(3), 13-24.

Büchi, M. , Just, N. , & Latzer, M. (2016). Modeling the second-level digital divide: A five-country study of social differences in Internet use. New Media & Society, 18(11), 2703-2722.

Buijzen, M., Rozendaal, E., Moorman, M., & Tanis, M. (2008). Parent versus child reports of parental advertising mediation: Exploring the meaning of agreement. Journal of Broadcasting & Electronic Media, 52(4), 509-525.

Buijzen, M., & Valkenburg, P. M. (2003). Theunintended effects of television advertising: A parent-child survey. Communication Research, 30(5), 483-503.

Buijzen, M., & Valkenburg, P. M. (2005). Parental mediation of undesired advertising effects. Journal of Broadcasting & Electronic Media, 49(2), 153-165.

Buijzen, M., Van Reijmersdal, E. A., & Owen, L. H. (2010). Introducing the PCMC model: An investigative framework for young people's processing of commercial media content. Communication Theory, 20, 427-450.

Bugental, D. B., &Grusec, J. E. (2006). Socialization theory. In N. Eisenberg (Ed.), Handbook of child psychology: Vol. 3. Social, emotional, and personality development (pp. 366-728). New York, NY: Wiley.

Bukowski, W. M., Bredgen, M., &Vitaro, F. (2007). Peers and socialization: Effects on externalizing and internalizing problems. In J. E. Grusec&P. D. Hastings (Eds.), Handbooks of Socialization (pp. 355-381). New York, NY: The Guilford Press.

Burke, F. (2013). Social media vs. social networking. Huffington Post, October 2, http://www. huffingtonpost. com/

fauzia-burke/social-media-vs-social-ne_b_4017305. html.

Burr, P., & Burr, R. （1976）. Television advertising to children: What parents are saying about government control. Journal of Advertising, 5(4), 37-41.

Buzzanell, P. M., Berkelaar, B. L., &Kisselburgh, L. G. （2012）. Expanding understanding of mediated and human socialization agents: Chinese children talk about desirable work and career. China Media Research, 8(1), 1-14.

Calder, B. J., Malthouse, E. C., &Schaedel, U. (2009). An experimental study of the relationship between online engagement and advertising effectiveness. Journal of Interactive Marketing, 23(4), 321-31.

Calder, B. J., Isaac, M. S., &Malthouse, E. C. （2016）. How to capture consumer experiences: A context-specific approach to measuring engagement predicting consumer behavior across qualitatively different experiences. Journal of Advertising Research, 56(1), 39-52.

Carlson, S. M. (2005). Developmentally sensitive measures of executive function in preschool children. Developmental Neuropsychology, 28, 595-616.

Carlson L. &Grossbart, S. (1988). Parental style and consumer socialization of children. Journal of Consumer Research, 15, 77-94.

Carlson L. , Grossbart, S. , & Walsh, A. (1990). Mothers' communication orientation and consumer-socialization tendencies. Journal of Advertising, 19(3), 27-38.

Carlson, L., Laczniak, R. N., & Muehling, D. D. (1994). Understanding parental concern about toy-based programming: New insights from socialization theory. Journal of Current Issues and Research in Advertising, 16(2), 59-72.

Carlson, L., Grossbart, S., & Stuenkel, J. K. (1992). The role of parental socialization: Types of differential family communication patterns regarding consumption. Journal of Consumer Psychology, 1(1), 31-52.

Carlson, L., Laczniak, R. N., & Wertley, C. (2011). Parental style: The implications of what we know (and think we know). Journal of Advertising Research, 51(2), 427-435.

Caron, A., & Ward, S. (1974). Gift decisions by kids and parents. Journal of Advertising Research, 15(4), 15-20.

Caruana, A. & Vassallo, R. (2003). Children's perception of their influence over purchases: The role of parental communication patterns. Journal of Consumer Marketing, 20(1), 55-66.

Chakroff, J. L., & Nathanson, A. I. (2009). Parent and school interventions: Mediation and media literacy. In S. L. Calvert & B. J. Wilson (Eds.), The handbook of children, media, and development ( pp. 552-576 ). Malden, MA: Blackwell Publishing Ltd.

Chan, K., & McNeal, J. U. ( 2013 ). Parent-child communications about consumption and advertising in china. Journal of Consumer Marketing, 20(4), 317-334.

Cho C, & Cheon, H. J. (2005) Children's exposure to negative

Internet content: effects of family context. Journal of Broadcasting & Electronic Media 49(4), 488-509.

Chen, G. M., &Starosta, W. J. (1998). Foundations of Intercultural Communication. Boston, MA: Allyn & Bacon.

Chi, H. H. (2011). Interactive digital advertising vs. virtual brand community. Journal of Interactive Advertising, 12(1), 44-61.

Clark, L. S. (2011). Parental mediation theory for the digital age. Communication Theory, 21, 323-343.

Clarke, B., Goodchild, M., &Harrison, A. (2010). The digital world of chidren and young adolescents: Children's emotional engagement with digital media. ESOMAR Congress Odyssey, Athens.

Cohn, M. (2011). Social media vs. social networking. CompuKol Communications LLC, https://www. compukol. com/social-media-vs-social-networking/.

Corbin, J., & Strauss, A. (2008). Basic of Qualitative Research. 3rd ed. Thousand Oaks, CA: Sage.

Cornish, L. S. (2014). "Mum, can I play on the Internet?" Parents' understanding, perception and responses to online advertising designed for children. International Journal of Advertising, 33(3), 437-473.

Coulter, R. A., Price, L. L., &Feick, L. (2003). Rethinking the origins of involvement and brand commitment: Insights from postsocialist central Europe. Journal of Consumer Research, 30(2), 151-169.

Cram, F. , & Ng, S. H. (1999). Consumer socialization. Applied psychology: An International Review, 48(3), 297-312.

Crosby, L. A. , &Grossbart, S. L. (1984). Parental style segments and concern about children's food advertising. Journal of Current Issues and Research in Advertising, 7(1), 43-63.

Crouter, A. C. , Bumpus, M. F. , Davis, K. D. , & McHale, S. M. (2005). How do parents learn about adolescents' experiences? Implications for parental knowledge and adolescent risky behavior. Child Development, 76, 869-882.

Dao, W. V-T, Le, A. N. H. , Cheng, J. M-S, &Chen, D. C. (2014). Social media advertising value. International Journal of Advertising, 33(2), 271-294.

Darling, N. , & Steinberg, L. (1993). Parental style as context: An integrative model. Psychological Bulletin, 113 (3), 487-496.

Deater-Deckard, K. , Dodge, K. A. , Bates, J. E. , & Pettit, G. S. . (1996). Physical discipline among african american and european american mothers. Developmental Psychology, 32 (6), 1065-1072.

De Jans, S. , Van de Sompel, D. , Hudders, L. ,& Cauberghe, V. (2019). Advertising targeting young children: an overview of 10 years of research (2006-2016). International Journal of Advertising, 38(2), 173-206.

De Keyzer, F. , Dens, N. , &De Pelsmacker, P. (2015). Is this for me? How consumers respond to personalized advertising on social network sites. Journal of Interactive Advertising, 15(2), 124-134.

Dishion, T. J., & McMahon, R. J. (1998). Parental monitoring and the prevention of child and adolescent problem behavior: A conceptual and empirical formulation. Clinical Child and family Psychology Review, 1, 61-75.

Dorr, A., Kovaric, P., & Doubleday, C. (1989). Parent-child coviewing of television. Journal of Broadcasting & Electronic Media, 33(1), 35-51.

Dotson, M. J., & Hyatt, E. M. (2000). A comparison of parents' and children's knowledge of brands and advertising slogans in the United States: Implications for consumer socialization. Journal of Marketing Communications, 6, 219-230.

Eagle, L. (2007). Commercial media literacy: What does it do, to whom-and does it matter? Journal of Advertising, 36(2), 101-110.

Eastin, M. S., Greenberg, B. S., & Hofschire, L. (2006). Parenting the Internet. Journal of Communication, 56(3), 486-504.

Eisingerich, A. B., Chun, H. H., Liu, Y., Jia, H. M., & Bell, S. J. (2015). Why recommend a brand face-to-face but not on Facebook? How word-of-mouth on online social sites differs from traditional word-of-mouth. Journal of Consumer Psychology, 25(1), 120-128.

Evans, N., Carlson, L. & Hoy, M. G. (2013). Coddling our kids: Can parenting style affect attitudes toward advergames? Journal of Advertising, 42(2-3), 228-240.

Evans, N., & Hoy, M. G. (2016). Parents' presumed

persuasion knowledge of children's advergames: The influence of advertising disclosure modality and cognitive load. Journal of Current Issues & Research in Advertising, 37(2), 146-164.

Evans, N. J., Hoy, M. G., &Childers, C. C. (2018). Parenting 'YouTube Natives': The Impact of Pre-Roll Advertising and Text Disclosures on Parental Responses to Sponsored Child Influencer Videos. Journal of Advertising, 47(4), 326-346.

Fielder, A., Gardner, W., Nairn, A. & Pitt, J. (2007). Fair Game? Assessing commercial activity on children's favourite websites and online environments. London: National Consumer Council.

Friestad, M., & Wright, P. (1994). The persuasion knowledge model: How people cope with persuasion attempts. Journal of Consumer Research, 21, 1-31.

Frijins, T., Finkenauer, C., Vermulst, A. A., & Engels, R. C. M. E. (2005). Keeping secrets from parents: Longitudinal associations of secrecy in adolescence. Journal of Youth and Adolescence, 34(2), 137-148.

Fujioka, Y, & Austin, E. W. (2003). The implications of vantage point in parental mediation of television and child's attitudes toward drinking alcohol. Journal of Broadcasting & Electronic Media, 47(3), 418-434.

Galvin, K., Bylund, C., &Brommel, B. (2004). Family Communication: Cohesion and Change. New York, NY: Allyn and Bacon.

Gardner, Howard (1982). Developmental Psychology: An

introduction. Boston, MA: Little Brown.

Gardner, M. , & Steinberg, L. (2005). Peer Influence on Risk Taking, Risk Preference, and Risky Decision Making in Adolescence and Adulthood: An Experimental Study. Developmental Psychology, 41, 625-635.

Gavilanes, J. M. , Flatten, T. C. , & Brettel, M. (2018). Content strategies for digital consumer engagement in social networks: Why advertising is an antecedent of engagement. Journal of Advertising, 47(1), 4-23.

Gollwitzer, P. M. (1999). Implementation intentions: Strong effects of simple plans. American Psychologist, 54(7), 493-503.

Gentile, D. A. , Nathanson, A. I. , Rasmussen, E. E. , Reimer, R. A. , & Walsh, D. A. (2012). Do you see what I see? Parent and child reports of parental monitoring of media. Family Relations, 61, 470-487.

Grusec, J. E. & M. Davidov (2007). Socialization in the family: The roles of parents. In J. E. Grusec & P. D. Hastings (Eds. ), Handbook of Socialization: Theory and Research (pp. 284-308). New York, NY: The Guilford Press.

Guay, F. , Ratelle, C. F. & Chanal, J. (2008). Optimal learning in optimal contexts: The role of self-determination in education. Canadian Psychology, 49(3), 233-240.

Gudykunst, W. B. , & Mody, B. (2002). Handbook of international and intercultural communication, 2nd Ed. Thousand Oaks, CA: Sage Publications.

Gudykunst, W. B., & Lee, C. M. (2003). Assessing the validity of self construal scales. Human Communication Research, 29(2), 253-274.

Gudykunst, W. B., Matsumoto, Y., Ting-Toomey, S., Nishida, T., Kim, K., & Heyman, S. (1996). The influence of cultural and individual values on communication styles across cultures. Human Communication Research, 22(4), 510-543.

Hadija, Z., Barnes, S. B., & Hair, N. (2012). Why we ignore social networking advertising. Qualitative Market Research: An International Journal, 15(1), 19-32.

Hair Jr, J. F., Black, W. C., Babin, B. J., & Anderson, R. E. (2010). Multivariate data analysis (7th ed.). Englewood Cliffs, NJ: Pearson Prentice Hall.

Hall, E. T. (1976). Beyond Culture. New York, NY: Anchor Press.

Hall, E. T., & Hall, M. R. (1990). Understanding cultural differences. Portland, OR: Book News.

Ham, C-D, Nelson, M. R., & Das, S. (2015). How to measure persuasion knowledge. International Journal of Advertising, 34(1), 17-53.

Hastings, P. D., Utendale, W. T., & Sullivan, C. (2007). The socialization of prosocial development. In J. E. Grusec & P. D. Hastings (Eds.), Handbook of Socialization: Theory and Research (pp. 638-664). New York, NY: The Guilford Press.

Haythornthwaite, C. (2005) Social networks and Internet

connectivity effects. Information, Communication & Society 8(2),
125-147.

　　Hinduja, S., &Patchin, J. W. (2013). Social influences on
cyberbullying behviors among middle and high school students.
Journal of Youth and Adolescence, 42(5), 711-722.

　　Hochmuth, M. (1947). Children's radio diet. Quarterly
Journal of Speech, 33(2), 249-257.

　　Hoekstra, J. C., &van Doorn, J. (2013). Customization of
online offers: The role of intrusiveness. Marketing Letters, 24(4),
339-351.

　　Hofstede, G. (1979). Value systems in forty countries:
Interpretation, validation, and consequences for theory. In L. H.
Eckensberger, W. J. Lonner, & Y. H. Poortinga(Eds.), Cross-
cultural contributions to psychology (389-407). Lisse,
Netherlands: Swets&Zeitlinger.

　　Hofstede, G. (1984). Hofstede culture dimensions-an
independent validation using rokeach value survey. Journal of Cross-
Cultural Psychology, 15(4), 417-433.

　　Hollebeek, L. (2011). Exploring customer brand engagement:
Definition and themes. Journal of Strategic Marketing, 19 (7),
555-573.

　　Hollebeek, L., Glynn, M. S., & Brodie, R. J. (2014).
Consumer brand engagement in social media: Conceptualization,
scale development, and validation. Journal of Interactive Marketing,
28(2), 149-165.

Hsu, S. Y., & Barker, G. G. (2013). Individualism and collectivism in Chinese and American television advertising. International Communication Gazette, 75(8), 695-714.

Hudders, L., De Pauw, P., Cauberghe, V., Panic, K., Zarouali, B., & Rozendaal, E. (2017). Shedding new light on how advertising literacy can affect children's processing of embedded advertising formats: A future research agenda. Journal of Advertising, 46(2), 333-349.

Hudders, L., Cauberghe V., & Panic, K. (2016). How advertising literacy training affect children's responses to television commercials versus advergames. International Journal of Advertising, 35(6), 909-931.

Hulei, E., Zevenbergen, A. A., & Jacob, S. C. (2006). Discipline behaviors of Chinese American and European American mothers. The Journal of Psychology, 140(5), 459-475.

Jiow, H. J., Lim, S. S., & Lin, J. (2017). Level up! Refreshing parental mediation theory for our digital media landscape. Communication Theory, 27, 309-328.

John, D. R. (1999). Consumer socialization of children: a retrospective look at twenty-five years of research. Journal of Consumer Research, 26, 183-213.

Joussemet, M., Landry, R., & Koestner, R. (2008). A self-determination theory perspective on parenting. Canadian Psychology, 49, 194-200.

Joyce, I. P., Mehta, K. P., & Coveney, J. (2010). Exploring

parents' perceptions of television food advertising directed at children: a south Australian study. Nutrition & Dietetics, 64(1), 50-58.

Julian,T. W. ,McKenry, P. C. , &Mckelvey, M. W. (1994). Cultural variations in parenting perceptions of Caucasian, African-American, Hispanic, and Asian-American Parents. Family Relations, 43(1), 30-37.

Jung, A-Reum (2017). The influence of perceived ad relevance on social media advertising: An empirical examination of a mediating role of privacy concern. Computers in Human Behavior, 70, 303-309.

Kaikati, A. &Kaikati, J. (2004) Stealth marketing: How to reach consumers surreptitiously. California Management Review, 46 (4), 6-22.

Kaiser, H. F. , & Rice, J. (1974). Little Jiffy, Mark IV. Educational and PsychologicalMeasurement, 34(1), 111-117.

Kamaruddin, A. R. , & Mokhlis, S. (2003). Consumer socialization, social structural factors, and decision-making styles: A case study of adolescents in Malaysia. International Journal of Consumer Studies, 145-156.

Kaplan, A. M. ,& Haenlein, M. (2010) Users of the world, unite! The challenges and opportunities of Social Media. Business Horizons, 53, 59-68.

Kay, E. (1979). The ACT guide to television or… How to treat TV with TL. Boston, MA: Beacon.

Keats, D. M. (2000). Cross-cultural studies in child development in Asian contexts. Cross-Cultural Research: The Journal of Comparative Social Science, 34(4), 339-350.

Keijsers, L. (2015). Parental monitoring and adolescent problem behaviors: How much do we really know? International Journal of Behavioral Development, 40(3), 1-11.

Kelly, L., Kerr, G., &Drennan, J. (2010). Avoidance of advertising in social networking sites. Journal of Interactive Advertising, 10(2), 16-27.

Kelly, L., Kerr, G., &Drennan, J. (2013). Advertising avoidance on social networking sites: A longitudinal study. In American Academy of Advertising Conference Proceedings (pp. 68). Lubbock, TX: American Academy of Advertising.

Kerr, M., &Stattin, H. (2000). What parents know, how they know it, and several forms of adolescent adjustment: Further support for a reinterpretation of monitoring. Developmental Psychology, 36(3), 366-380.

Khurana, A., Bleakley, A., Jordan, A., & Romer, D. (2015). The protective effects of parental monitoring and Internet restriction on adolescents' risk of online harassment. Journal of Youth and Adolescence, 44, 1039-1047.

Kinard, B. R., & Hartman, K. B. (2013). Are you entertained? The impact of brand integration and brand experience in television-related advergames. Journal of Advertising, 42 (2-3), 196-203.

Kirwil, L. (2009). Parental mediation of children's Internet use in different European countries. Journal of Children and Media, 3 (4), 394-409.

Kumar, A. , Bezawada, R. Rishika, R. , Janakiraman, R. , &Kannan, P. K. (2016). From social to sale: The effects of firm-generated content in social media on customer behavior. Journal of Marketing, 80(1), 7-25.

Kumar, V. , Aksoy, L. , Donkers, B. , Venkatesan, R. , Wiesel, T. & Tillmanns, S. (2010). Undervalued or overvalued customers: Capturing total customer engagement value. Journal of Service Research, 13(3), 297-310.

Kunkel, D. , & Roberts, D. (1991). Young Minds and Marketplace Values: Issues in Children's Television Advertising. Journal of Social Issues, 47(1), 57-72.

Laczniack, R. N. , Carlson, L. , & Walsh, A. D. (1999). Antcedents of mothers' attitudes toward the FTC's rule for 900-humber advertising directed at achildren. Journal of Current Issues and Research in Advertising, 21(2), 49-58.

Laible, D. , & Thompson, R. A. (2007). Early socialization: A relationship perspective. In J. E. Grusec, & P. D. Hastings (Eds. ), Handbook of Socialization: Theory and Research(pp. 181-207). New York, NY: The Guilford Press.

Lankshear, C. & Knobel, M. (2006a). New literacies: Changing knowledge in the classroom. Buckingham: Open University Press.

Lankshear, C. & Knobel, M. (2006b). New literacies: Everyday practices and classroom learning. Berkshire, UK: McGraw-Hill.

Lapierre, M. A. (2015). Development and persuasion understanding: Predicting knowledge of persuasion/selling intent from children's theory of mind. Journal of Communication, 65, 423-442.

Lawlor, M-A., Dunne, A., & Rowley, J. (2018). Young consumers' brand communications literacy in a social networking site context. European Journal of Marketing, 50(11), 2018-2040.

Lee, M., Choi, Y., Quilliam, E. T., & Cole, R. T. (2009). Playing with food: Content analysis of food advergame. Journal of Consumer Affairs, 43(1), 129-154.

Lee, S. (2013). Parental restrictive mediation of children's Internet use: Effective for what and for whom? New Media & Society, 15(4), 466-481.

Lee, S., &Chae, Y. (2007). Children's Internet use in a family context: Influence of family relationships and parental mediation. CyberPsychology& Behavior, 10(5), 640-644.

Lemon, K. N., &Verhoef, P. C. (2016). Understanding customer experience throughout the customer journey. Journal of Marketing, 80(6), 69-96.

Liau, A. K., Khoo, A., & Ang, P. H. . (2008). Parental awareness and monitoring of adolescent internet use. Current psychology, 27(4), 217-233.

Lin, C. A. , & Atkin, D. J. (1989). Parental mediation and rulemaking for adolescent use of television and VCRs. Journal of Broadcasting and Electronic Media, 33, 53-67.

Lin, C. H. , Lin, S. L. , & Wu, C. P. (2009). The effects of parental monitoring and leisure boredom on adolescents' Internet addiction. Adolescence, 44(176), 993.

Livingstone, S. (2008). Taking risky opportunities in youthful content creation: teenagers' use of social networking sites for intimacy, privacy and self-expression. New Media & Society, 10(3), 393-411.

Livingstone, S. & Brake, D. R. (2010). On the rapid rise of social networking sites: new findings and policy implications. Children & Society 24(1), 75-83.

Livingstone, S. , Haddon, L. , Gorzig, A. , &Olafsson, K. (2011). Risks and safety on the Internet: The perspective of European children. EU Kids Online, LSE: Full findings. London, England.

Livingstone, S. , &Helsper, E. J. (2006). Does advertising literacy mediate the effects of advertising on children? A critical examination of two linked research literatures in relation to obesity and food choice. Journal of Communication, 56, 560-584.

Livingstone, S. , &Helsper, E. J. (2008). Parental mediation of children's Internet use. Journal of Broadcasting & Electronic Media, 52, 581-599.

Livingstone, S. , Olafsson, K. , Helsper, E. J. , Lupianez-

Villanueva, F. , Veltri, G. A. , &Folkvord, F. (2017). Maximizing opportunities and minimizing risks for children online: The role of digital skills in emerging strategies of parental mediation. Journal of Communication, 67, 82-105.

Locke, J. Y. , Campbell, M. A. , & Kavanagh, D. (2012). Can a parent do too much for their child? An examination by parenting professionals of the concept of overparenting" Australian Journal of Guidance and Counselling, 22(2), 249-265.

Logan, B. , & Moody, K. (Eds.) (1979). Television awareness training: The viewer's guide for family and community. New York: Media Action Research Center.

Lothia, R. , Naveen, D. , &Herschberger, E. K. (2003). The impact of content and design elements on banner advertising. Journal of Advertising Research, 43(4), 410-418.

Lueg, J. E. , & Finney, R. Z. (2007). Interpersonal communication in the consumer socialization process: Scale development and validation. Journal of Marketing Theory & Practice, 15(1), 25-39.

Lwin, M. O. , Stanaland, A. J. S. , & Miyazaki, A. D. (2008). Protecting children's privacy online: How parental mediation strategies affect website safeguard effectiveness. Journal of Retailing, 84(2), 205-217.

Maccoby, E. E. (1954). Why do children watch Television. Public Opinion Quarterly, 18(3), 239-244.

Maccoby, E. E. (2007) Historical overview of socialization

research and theory. In J. E. Grusec& P. D. Hastings (Eds.), Handbook of Socialization: Theory and Research (pp. 13-41). New York, NY: The Guilford Press.

Maccoby, E. E., & Martin, J. A. (1983). Socialization in context of the family: Parent-child interaction. In M. Hetherington (Ed.), Handbook of Child Psychology. Vol. 4: Socialization, Personality, and Social Development (pp. 1-101). New York, NY: Wiley.

MacKenzie, S. B., Lutz, R. J., & Belch, G. E. (1986). The role of attitude toward the ad as a mediator of advertising effectiveness: A test of competing explanations. Journal of Marketing Research, 23(2), 130-143.

MacInnis, D. J., & Jaworski, B. J. (1989). Information processing from advertisements: Toward an integrative framework. Journal of Marketing, 53(4), 1-23.

Main, K. J., Dahl, D. W., &Darke, P. R. (2007). Deliberative and automatic bases of suspicion: Empirical evidence of the sinister attribution error. Journal of Consumer Psychology, 17 (1), 59-69.

Mallinckrodt, V., &Mizerski, D. (2007). The effects of playing an advergame on young children's perceptions, preferences, and requests. Journal of Advertising, 36(2), 87-100.

Malthouse, E., Haenlein, M., Skiera, B., Wege, E., &Zhang, M. (2013). Managing customer relationships in the social media era: Introducing the social CRM house. Journal of Interactive

Marketing，27(4)，270-280.

Mangleburg，T. E.，&Bristol，T. (1998). Socialization and adolescents' skepticism toward advertising. Journal of Advertising，27(3)，11-21.

Maslowska，E.，Malthouse，E.，&Collinger，T. (2016). The customer engagement ecosystem. Journal of Marketing Management，32(5-6)，469-501.

Maslowska，E.，Van den Putte，S. J. H. M.，&Smit，E. G. (2011). The effectiveness of personalized E-mail newsletters and the role of personal characteristics. Cyberpsychology，Behavior & Social Networking，14(12)，765-770.

Martin，K. D.，& Smith，N. C. (2008). Commercializing social interaction：the ethics of stealth marketing. Journal of Public Policy and Marketing，27(1)，45-56.

McAlister，A. R.，&Cornwell，T. B. ( 2009 ). Preschool children's persuasion knowledge：The contribution of theory of mind. Journal of Public Policy & Marketing，28(2)，175-185.

Mcleod，J. M.，Fitzpatrick，M. A.，Glynn，C. J.，& Fallis，S. F. (1982). Television and social relations：Family influences and consequences for interpersonal behavior. In D. Pearl，L. Bouthillet，& J. Lazar (Eds.)，Television and behavior：Ten years of scientific process and implications for the eighties (HHS Publication No. ADM 82-1196，Vol. 2，pp. 272-286). Washington，DC：Government Printing Office.

Mcloyd，V. C.，& Smith，J. (2002). Physical discipline and

behavior problems in AfricanAmerican, EuropeanAmerican, and Hispanic children: emotional support as a moderator. Journal of Marriage and Family, 64(1), 40-53.

Meeker, M. (2019). BOND Internet trends 2019. https://www.bondcap.com/report/itr19/#view/1.

Meirick, P. C., Sims, J., Gilchrist, E, & Croucher, S. (2009). All the children are above average: Parents' perceptions of education and materialism as media effects on their own and other children. Mass Communication & Society, 12(2), 217-237.

Mendoza, K. (2009). Surveying parental mediation: Connections, challenges and questions for media literacy. Journal of Media Literacy Education, 1, 28-41.

Mesch, G. S. (2009). Parental mediation, online activities, and cyberbullying. CyberPsychology& Behavior, 12(4), 387-393.

Mikeska, J., Harrison, R. L., &Carlson, L. (2016). A meta-analysis of parental style and consumer socialization of children. Journal of Consumer Psychology, 27(2), 245-256.

Miller, B., &Morris, R. G. (2014). Virtual peer effects in social learning theory. Crime & Delinquency, 62(12), 1543-1569.

Mir, I. (2012). Consumer attitudinal insights about social media advertising: A south Asian Perspective. Romanian Economic Journal, 15(45), 265-288.

Moore, E. (2004). Children and the changing world or advertising. Journal of Business Ethics, 52(2), 161-167.

Moore, R. L., &Moschis, G. P. (1980). Social interaction

and social structural determinants in adolescent consumer socialization. Advances in Consumer Research, 7, 757-759.

Moschis, G. P. (1978). Acquisition of the Consumer Role by Adolescents. Atlanta, GA: Publishing Services Division at Georgia State University.

Moschis, G. P. (1985). The role of family communication in consumer socialization of children and adolescents. Journal of Consumer Research, 11(4), 893-913.

Moschis G. P., &Churchill, G. Jr. (1978) Consumer socialization: A theoretical and empirical analysis. Journal of Marketing Research, 15, 599-609.

Moschis, G. P., & Moore, R. L. (1979). Family communication and consumer socialization. Advances in Consumer Research, 6(1), 359-363.

Moschis, G. P., Moore, R. L., & Smith, R. B. (1984). The impact of family communication on adolescence consumer socialization. In T. C. Kinnear (Ed.), Advances in Consumer Research (pp. 314-319). Provo UT: Association for Consumer Research.

Moses, L. J. & Baldwin, D. A. (2005). What can the study of cognitive development reveal about children's ability to appreciate and cope with advertising? Journalof Public Policy & Marketing, 24(2), 186-201.

Muehling, D. D. (1987). An investigation of factors underlying attitude-toward-advertising-in-general. Journal of Advertising, 16

(1)，32-40.

Muntinga，D. G.，Moorman，M.，& Smit，E. G.（2011）. Introducing COBRAs: Exploring motivations for brand-related social media use. International Journal of Advertising，30(1)，13-46.

Nairn，A.，&Fine，C.（2008）. Who's messing with my mind? International Journal of Advertising，27(3)，447-470.

Nathanson，A. I.（1999）. Identifying and explaining the relationship between parental mediation and children's aggression. Communication Research，26(6)，124-143.

Nathanson，A. I.（2001）. Parents versus peers: Exploring the significance of peer mediation of anti-social television. Communication Research，28(3)，251-274.

Nathanson，A. I.，Eveland，W. P.，Park，H. S.，& Paul，B.（2002）. Perceived media influence and efficacy as predictors of caregivers' protective behaviors. Journal of Broadcasting and Electronic Media，46(3)，385-411.

Nelson，M. R.（2005）. Exploring consumer response to advergaming，in C. P. Haugtvedt（Ed.），Online Consumer Psychology: Understanding and influencing consumer behavior in the virtual world（Ch. 7.，pp. 167-194）. Mahwah，NJ: Lawrence Erlbaum Associates Inc.

Nikken P.，&Jansz，J.（2014）. Developing scales to measure parental mediation of young children's Internet use. Learning，Media and Technology，39，250-266.

Obermiller，R. S.，&Spangenberg，E. R.（1998）. Development

of a scale to measure consumer skepticism towards adverting. Journal of Consumer Psychology, 7(2), 159-186.

Okazaki, S. , &. Taylor, C. R. (2013). Social media and international advertising: Theoretical challenges and future directions. International Marketing Review, 30(1), 56-71.

Opgenhaffen, M. ,Vandenbosch, L. , Eggermont, S. , &Frison, E. (2012). Parental mediation of television viewing in the context of changing parent-child relatipnships in Belgium: A latent growth curve analysis in early and middle adolescence. Journal of Children and Media, 6(4), 469-484.

Owen, L. , Lewis, C. , Auty, S. , &Buijzen, M. (2013). Is children's understanding of nontraditional advertising comparable to their understanding of television advertising? Journal of Public Policy & Marketing, 32(2), 195-206.

Paek, H. (2008). Moderating roles of primary socialization influences in the relationship between adolescent self-reported exposure to antismoking messages and smoking intention. Health Communication, 23, 526-537.

Panic, K. , Cauberghe, V. , &. De Pelsmacker, P. (2013). Comparing TV ads and advergames targeting children: The impact of persuasion knowledge on behavioral responses. Journal of Advertising, 42(2-3), 264-273.

Parsons, A. L. (2013). Using social media to reach consumers: A content analysis of official Facebook pages. Academy of Marketing Studies Journal, 17(2), 27-36.

Patino, A. , Kaltcheva, V. D. , & Smith, M. F. (2011). The appeal of reality television for teen and pre-teen audiences. Journal of Advertising Research, 51(1), 288-297.

Patterson, G. R. (1979). A performance theory of coercive family interaction, In R. B. Cairns (Ed.), The analysis of social interactions: Methods, issues and illustrations (pp. 119-163). Hillsdale, NJ: Erlbaum.

Petty, R. E. , & Cacioppo, J. T. (1981). Issue involvement as a moderator of the effects on attitude of advertising content and context. Advances in Consumer Research, 8, 20-24.

Pentina, I. , Guilloux, V. , & Micu, A. C. (2018). Exploring social media engagement behaviors in the context of luxury brands. Journal of Advertising, 47(1), 55-69.

Raj, S. P. , & Raval, V. V. (2013). Parenting and family socialization within a cultural context. In E. L. Anderson & S. Thoma (Eds. ), Socialization: Theories, Processes and Impact (pp. 57-78). New York, NY: Nova Science Publishers.

Rishika, R. , Kumar, A. , Janakiraman, R. , & Bezawada, R. (2013). The effect of customers' social media participation on customer visit frequency and profitability: An empirical investigation. Information Systems Research, 24(1), 108-127.

Roberts, D. F. (1983). Children and commercials: Issues, evidence, interventions. In J. Sprafkin, C. Swift, & R. Hess (Eds. ), Rx Television: Enhancing the preventive impact of TV (pp. 19-36). New York, NY: Haworth Press.

Robertson, T. S., & Rossiter, J. R. (1974). Children and commercial persuasion: An attribution theory analysis. Journal of Consumer Research, 1, 13-20.

Robinson, T. N., Saphir, M. N, & Kraemer, H. C. (2001). Effects of reducing Television viewing on children's request for toys: A randomized controlled trial. Journal of Developmental & Behavioral Pediatrics, 22(3), 179-184.

Rodríguez-de-Dios, I., van Oosten, J. M. F., &Igartua, J. (2018). A study of the relationship between parental mediation and adolescents' digital skills, online risks and online opportunities. Computers in Human Behavior, 82, 186-198.

Rose, G. M. (1999). Consumer socialization, parental style, and developmental timetables in the united states and japan. Journal of Marketing, 63(3), 105-119.

Rose, G. M., Dalakas,V., &Kropp, F. (2002). A five-nation study of developmental timetables, reciprocal communication and consumer socialization. Journal of Business Research, 55 (11), 943-949.

Rozendaal, E., Slot, N., van Reijmersdal, E. A., &Buijzen, M. (2013). Children's responses to advertising in social games. Journal of Advertising, 42(2-3), 142-154.

Rozendaal, E., Lapierre, M. A., van Reijmersdal, E. A., &Buijzen, M. (2011). Reconsidering advertising literacy as a defense against advertising effects. Media Psychology, 14, 333-354.

Rozendaal, E., Opree, S. J., &Buijzen, M. (2016)

Development and validation of a survey instrument to measure children's advertising literacy. Media Psychology, 19(1), 72-100.

Ryan, R. M. & Deci, E. L. (2000). Self-determination theory and the facilitation of intrinsic motivation, social development, and well-being. American Psychologist, 55(1), 68-78.

Sabate, F., Berbegal-Mirabent, J., Canabate, A., &Lebherz, P. R. (2014). Factors influencing popularity of branded content in Facebook fan pages. European Management Journal, 32(6), 1-11.

SanJose-Cabezudo, R., Gutierrez-Arranz, A. M., &Gutierrez-Cillan, J. (2009). The combined influence of central and peripheral routes in the online persuasion process. Cyberpsychology and Behaviour, 12(3), 299-308.

Sasson, H., &Mesch, G. (2014). Parental mediation, peer norms, and risky online behavior among adolescents. Computers in Human Behavior, 33, 32-38.

Schramm, W., Lyle,J., & Parker, E. B.(1961). Television in the Lives of Our Children. Stanford University Press.

Schultz, D. (2016). The future of advertising or whatever we're going to call it. Journal of Advertising, 45(3), 276-285.

Shao, G. (2009). Understanding the appeal of user-generated media: A uses and gratification perspective. Internet Research, 19(1), 7-25.

Sherman, L. E., Payton, A. A., Hernandez, L. M., Greenfield, P. M., &Dapretto, M. (2016). The power of the like in adolescence: Effects of peer influence on neural and behavioral responses to social media. Psychological Science, 27(7), 1027-1035.

Shoemaker, P. J., Tankard, J. W., & Lasorsa, D. L. (2004). How to build social science theories. Thousand Oaks, CA: Sage.

Shim, S., & Gehrt, K. C. (1996). Hispanic and native American adolescents: An exploratory study of their approach to shopping. Journal of Retailing, 72(3), 30-324.

Shin, W. (2015). Parental socialization of children's Internet use. New Media & Society, 17(5), 649-665.

Shin, W. & Huh, J. (2011). Parental mediation of teenagers' video game playing: Antecedents and consequences. New Media & Society, 13(6), 945-962.

Shin, W., Huh, J., & Faber, R. J. (2012). Tween's online privacy risks and the role of parental mediation. Journal of Broadcasting & Electronic Media, 56(4), 632-649.

Shin, W., & Ismail, N. ME (2014). Exploring the role of parents and peers in young adolescents' risk taking on social networking sites. Cyberpsychology, Behavior, and Social Networking, 17, 578-583.

Shin, W. & Kang, H. (2016). Adolescents' privacy concerns and information disclosure online: The role of parents and the Internet. Computers in Human Behavior, 54, 114-123.

Shin, W., & Li, B. (2017). Parental mediation of children's digital technology. Journal of Children and Media, 11(1), 1-19.

Shin, W., & Lwin, M. O. (2016). How does "talking about the Internet with others" affect teenagers' experience of online risks?

The role of active mediation by parents, peers, and school teachers. New Media & Society, 19(7), 1109-1126.

Singh, N., Chao, M. C. H., &Kwon, I. G. (2006). A multivariate statistical approach to socialization and consumer activities of young adults: A cross-cultural study of ethinic groups in America. Marketing Management Journal, 16(2), 67-80.

Singh, S. N., &Cole, C. A. (1993). The effects of length, content, and repetition on television commercial effectiveness. Journal of Marketing Research, 30(1), 91-104.

Snyder, J., Dishion, T. J., & Patterson, G. R. (1986). Determinants and consequences of associating with deviant peers during preadolescents and adolescence. Journal of Early Adolescence, 6, 29-43.

Socha, T. J., & Diggs, R. C. (1999). Communication, race, and family: Exploring communication in black, white, and biracial families. Mahwah, NJ: Lawrence Erlbaum.

Soenens, B., &Vansteenkiste, M. (2010). A theoretical upgrade of the concept of parental psychological control: Proposing new insights on the basis of self-determination theory. Developmental Review, 30(1), 74-99.

Soenens, B., Vansteenkiste, M., &Niemiec, C. P. (2009). Should parental prohibition of adolescents' peer relationships be prohibited? Personal Relationships, 16(4), 507-530.

Sonck, N., Nikken, P., & de Haan, J. (2013). Determinants of Internet mediation. Journal of Children and Media, 7, 96-113.

Sprott, D. E. (2008). The policy, consumer, and ethical dimensions of covert marketing: An introduction to the special section. Journal of Public Policy and Marketing, 27(1), 4-6.

Stern, S. (2008). Producing sites, exploring identities: Young online authorship. InD. Buckingham (Ed.), Youth, Identity and Digital Media. MIT Press, Cambridge, MA.

Summers, C. A., Smith, R. W., Reczek, R. W. (2016). An audience of one: Behaviorally targeted ads as implied social labels. Journal of Consumer Research, 43(1), 156-178.

Tabachnick, B. G., & Fidell, L. S. (2007). Using multivariate statistics (5th ed.). Needham Heights, MA: Allyn and Bacon.

Tarabashkina, L., Quester, P. G., & Crouch, R. (2017). Children and energy-dense foods-parents, peers, acceptability or advertising?. European journal of marketing, 51(9-10), 1669-1694.

Tam, K. Y., & Ho, S. Y. (2006). Understanding the impact of web personalization on user information processing and decision outcomes. MIS Quarterly, 30(4), 865-90.

Tanner, J. T., Carlson, L., Raymond, M. A., & Hopkins, C. (2008). Reaching parents to prevent adolescent risky behavior: Examining the effects of threat portrayal and parenting orientation on parental participation perceptions. Journal of Public Policy & Marketing, 27(2), 149-155.

Taylor, D. G., Lewin, J. E., & Strutton, D. (2011). Friends, Fans, and followers: Do Ads work on social networks?. Journal of Advertising Research, 51(1), 258-276.

Terlutter, R. , & Capella, M. L. (2013). The gamification of advertising: Analysis and research directions of in-game advertising, advergames, and advertising in social network games. Journal of Advertising, 42(2-3), 95-112.

Triandis, H. C. (1990). Cross-cultural studies of individualism and collectivism. Nebraska Symposium Motivation, 37(11), 41-133.

Troseth, G. L. , Russo, C. E. , & Strouse, G. A. (2016). What's next for research on young children's interactive media? Journal of Children and Media, 10, 54-62.

Turkle, S. (2011). Alone together: When we expect more from technology and less from each other. New York, NY: Basic Books.

UnitedNation (2000). Population. https://www. un. org/zh/ sections/issues-depth/population/.

Uribe, R. , &Fuentes-García, A. (2017). Comparing children's explicit and implicit understanding of advertising and placement on TV. International Journal of Advertising, 36(6), 928-944.

Valcke, M. , Bonte, S. , De Wever, B. , & Rots, I. (2010). Internet parenting styles and the impact on Internet use of primary school children. Computers & Education, 55, 454-464.

Valkenburg, P. M. , Krcmar, M. , Peeters, A. L. , & Marseille, N. M. (1999). Developing a scale to assess three styles of television mediation: Instructive mediation, restrictive mediation, and social coviewing. Journal of Broadcasting and Electronic Media, 43(1), 52-67.

Valkenburg, P. M. , Piotrowski, J. T. , Hermanns, J. , & de

Leeuw, R. (2013). Developing and validating the perceived parental media mediation scale: A self-determination perspective. Human Communication Research, 39, 445-469.

Vakratsas, D. , &Ambler, T. (1999). How advertising works: What do we really know? Journal of Marketing, 63(1), 26-43.

van Doorn, J. , Lemon, K. N. , Mittal, V. , Nass, S. , Pick, D. , Pirner, P. , & Verhoef, P. C. (2010)Customer engagement behavior: Theoretical foundations and research directions. Journal of Service Research, 13(3), 253-266.

van Hoorn, J, Crone, E. A. , van Leijenhorst, L. (2017). Hanging out with the right crowd: Peer influence on risk-taking behavior in adolescence. Journal of Research on Adolescence, 27(1), 189-200.

van Reijmersdal, E. A. ,Rozendaal, E. , &Buijzen, M. (2012). Effects of prominence, involvement, and persuasion knowledge on children's cognitive and affective responses to advergames. Journal of Interactive Marketing, 26, 33-42.

van Reijmersdal, E. A. , Rozendaal, E. , Smink, N. , van Noort, G. , &Buijzen, M. (2017). Processes and effects of targeted online advertising among children. International Journal of Advertising, 36(3), 396-414.

Vanwesenbeeck, I. , Walrave, M. , &Ponnet, K. (2016). Young adolescents and advertising on social network games: A structural equation model of perceived parental media mediation, advertising literacy, and behavioral intention. Journal of

Advertising，45(2)，183-197.

Veerasamy，V.（2013）. The precise difference between social networks and social media. ReferralCandy. com，November 18. https://www. referralcandy. com/blog/difference-between-social-networks-and-social-media/.

Vijayalakshmi，A.，Lin，M. H. J.，& Laczniak，R. N. （2018）. Managing children's internet advertising experiences: parental preferences for regulation. The Journal of Consumer Affairs，52(3)，595-622.

Voorveld，H. A. M.，van Noort，G.，Muntinga，D. G.，&Bronner，F.（2018）. Engagement with social media and social media advertising: The differentiating role of platform type. Journal of Advertising，47(1)，38-54.

Waiguny，M. K. J.，Nelson，M. R.，&Terlutter，R.（2012）. Entertainment matters! The relationship between challenge and persuasiveness of an advergame for children. Journal of Marketing Communications，18(1)，69-89.

Waizenhofer，R. N.，Buchanan，C. M.，& Jackson-Newsom，J.（2004）. Parents' knowledge of adolescents' daily activities: Its sources and its links with adolescent adjustment. Journal of Family Psychology，18，348-360.

Wallace，D.，Walker，J.，Lopez，T.，&Jones，M.（2009）. Do word of mouth and advertising messages on social networks influence the purchasing behavior of college students?. Journal of Applied Business Research，25(1)，101-110.

Walsh, A. D., Laczniak, R. N., & Carlson, L. (1998). Mothers' preferences for regulating children's television. Journal of Advertising, 27(3), 24-36.

Wang, X., Yu, C., & Wei, Y. (2012). Social media peer communication and impacts on purchase intentions: A consumer socialization framework. Journal of Interactive Marketing, 26(4), 198-208.

Ward, S. (1974). Consumer socialization. Journal of Consumer Research, 1(2), 27-31.

Ward, S., Wackman, D. B., & Wartella, E. (1977). How Children Learn to Buy. Beverly Hills, CA: Sage Publications.

Warren, R. (2001). In words and deeds: Parental involvement and mediation of children's television viewing. Journal of Family Communication, 1(4), 211-231.

Waters, R. D., & Jones, P. M. (2011). Using video to build an organization's identity and brand: A content analysis of nonprofit organizations' YouTube videos. Journal of Nonprofit & Public Sector Marketing, 23(3), 248-268.

Webster, J., Pearson, J., & Webster, D. (1986). Children's television viewing as affected by contextual variables in the home. Communication Research Reports, 3(1), 1-8.

Wei, M-L, Fischer, E., & Main, K. J. (2008). An examination of the effects of activating persuasion knowledge on consumer response to brands engaging in covert marketing. Journal of Public Policy and Marketing, 27(1), 34-44.

Wellman, H. M. (1990). The Child's Theory of Mind. Cambridge, MA: MIT Press.

Willett, R. (2009). As soon as you get on Bebo, you just go mad: young consumers and the discursive construction of teenagers online. Young Consumers, 10(4), 283-296.

Wright, P., Friestad, M., & Boush, D. (2005). The development of marketplace persuasion knowledge in children, adolescents and young adults. Journal of Public policy and Marketing, 24(2), 222-233.

Würtz, E. (2006). Intercultural communication on Web sites: A cross-cultural analysis of Web sites from high-context cultures and low-context cultures. Journal of Computer-Mediated Communication, 11(1), 274-299.

Yaman, A., Mesman, J., van IJzendoorn, M. H., Bakermans-Kranenburg, M. J., Linting, M. (2010). Parenting in an individualistic culture with a collectivistic cultural background: The case of Turkish immigrant families with toddlers in the Netherlands. Journal of Child & Family Studies, 19, 617-628.

Yang, Z., Kim, C, Laroche, M., & Lee, H. (2014). Parental style and consumer socialization among adolescents: A cross-cultural investigation. Journal of Business Research, 67(3), 228-236.

Youn, S. (2008). Parental influence and teens' attitude toward online privacy protection. Journal of Consumer Affairs, 42 (3), 362-388.

Yu, H. (2011). Parental communication style's impact on

children's attitudes toward obesity and food advertising. Journal of Consumer Affairs，45(1)，87-107.

Zaman，B.，Nouwen，M.，Vanattenhoven，J.，de Ferrerre，E.，& Van Looy，J.（2016）. A qualitative inquiry into the contextualized parental mediation practices of young children's digital media use at home. Journal of Broadcasting and Electronic Media，60(1)，1-22.

Zaichkowsky，J. L.（1994）. The personal involvement inventory：Reduction，revision，and application to advertising. Journal of Advertising，23(4)，59-70.

Zelazo，P. D.，& Cunningham，W.（2007）. Executive function：Mechanisms underlying emotion regulation. In J. Gross（Ed.），Handbook of emotion regulation（pp. 135-158）. New York，NY：Guilford.

Zhang，J.，& Mao，E.（2016）. From online motivations to ad clicks and to behavioral intentions：An empirical study of consumer response to social media advertising. Psychology and Marketing，33(3)，155-164.

吴明隆.(2010).问卷统计分析实务.重庆:重庆大学出版社.

**图书在版编目（CIP）数据**

广告与儿童消费者社会化 / 黄桑若著. —杭州：
浙江大学出版社，2020.9
ISBN 978-7-308-20630-3

Ⅰ. ①广… Ⅱ. ①黄… Ⅲ. ①广告－影响－儿童－消
费者－社会化－研究 Ⅳ. ①F713.8

中国版本图书馆 CIP 数据核字（2020）第 185045 号

**广告与儿童消费者社会化**

黄桑若　著

| | | |
|---|---|---|
| **责任编辑** | 李海燕 | |
| **责任校对** | 董雯兰 | |
| **封面设计** | 雷建军 | |
| **出版发行** | 浙江大学出版社 | |
| | （杭州市天目山路 148 号　邮政编码 310007） | |
| | （网址：http://www.zjupress.com） | |
| **排　　版** | 杭州好友排版工作室 | |
| **印　　刷** | 浙江新华数码印务有限公司 | |
| **开　　本** | 710mm×1000mm　1/16 | |
| **印　　张** | 14.25 | |
| **字　　数** | 162 千 | |
| **版 印 次** | 2020 年 9 月第 1 版　2020 年 9 月第 1 次印刷 | |
| **书　　号** | ISBN 978-7-308-20630-3 | |
| **定　　价** | 48.00 元 | |